카피력

* 본문에서 광고 카피의 예시에 등장하는 제품들 가운데 '몸애사과', ' 프리미엄 카레' 등은 저자가 창작해낸 가상의 브랜드 제품입니다.

* 맞춤법은 국립국어원의 '한글맞춤법 규정'과 '외래어 표기법'을 기본으로 했으나, 전문용어의 경우 광고업계에서 전반적으로 통용되는 단어로 표기했습니다.

* 본문에서 인용하고 있는 광고와 마케팅 저작물은 모두 저자가 직접 참여한 제작물입니다.

* 제작물 이미지 사용은 저작권 사전 협의를 기본으로 했으나, 일부 작품의 경우 담당 기관(업체)의 변동으로 사전 협의가 어려웠습니다. 출간 후 출판사로 문의해 주시면 빠르게 대응하겠습니다.

이메일 vegabooks@naver.com   홈페이지 www.vegabooks.co.kr
블로그 http://blog.naver.com/vegabooks
인스타그램 @vegabooks   페이스북 @VegaBooksCo

답이 되는 카피를 쓰면
그 카피엔 힘이 생긴다

카피력

임윤정 지음

베가북스
VegaBooks

외롭지 않은 글쓰기를
찾아서

단언컨대 나는 카피 쓰는 일을 사랑한다. 쓰는 순간마다 즐겁다. 내가 선택한 카피라는 장르를, 카피라이터라는 직업을 애정한다. 그래서 말버릇처럼 다시 태어나도 카피라이터가 될 거라 말하곤 했다.

카피라이터가 되기로 결심한 것은 대학교 3학년 때였다. 처음 소설을 쓰기 시작했던 건 고등학교 때였고, 소설특기자로 국문학과에 진학했던 터라 대학생이 되어서는 좀 더 본격적으로 소설 자체를 마주하고, 소설 쓰기를 배웠다. 내가 썼던 소설은 장편이 아닌, 원고지 70장 내외의 단편 분량이었다. 재능이 부족했던 터라 70장을 채워가는 그 과정도 결코 녹록지 않았다. 하지만 나로 하여금 소설가의 꿈을 포기하게 만든 결정적 이유는 외로움이었다. 소설 쓰기의 외로움.

소설은 쓰는 과정도 외롭지만 쓰고 난 후에도 외로웠다. 소설 속 주인공이 된 나의 엄마, 소설적 인물이 된 주변 친구들조차도 겨우 완성한 내 소설을 읽기 어려워했다. 명확하게 얘기하자면 내 소설이 어려워서가 아니었다. 당시 나는 어려운 걸 쓸 실력조차 못 되었으니까.

소설이라는 장르 자체와 더불어 원고지 70장 분량이 주는 압박이 글 읽는 걸 좋아하지 않던 주변 지인들에겐 높은 문턱이었던 것 같았다. 감당할 수 없는 외로움은 괴로움이 되었고, 나는 고민했다. 쓰기만 하면 누구나 쉽게 보고 읽을 수 있는 글은 무엇일까? 글을 쓸 수 있는 일이되, 외롭지 않은 직업은 무얼까? 거기에 안정적으로 돈까지 벌 수 있는 직업이 있다면 무엇이든 하겠다는 고민 끝에 '카피'라는 글, '카피라이터'라는 직업이 보였다. 나는 그렇게 카피라이터가 되기 위해 준비했고, 대학을 졸업하고 카피라이터가 되었다.

카피는 쓰기만 하면, 원치 않는 사람들에게까지 보이는 글이다. 혼자 완성할 수 없는 글이기에 수없이 많은 사람과 함께, 많은 사람을 거쳐 완성된다. 카피를 필요로 하는 기업과 브랜드, 제품이 많기에 돈도 제법 벌 수 있다. 어쩌면 카피라는 장르는 내가 원했던 완벽한 글이며, 카피라이터라는 직업은 내가 바라던 꿈의 직업이다.

하지만 카피의 단점, 카피라이터라는 직업의 단점은 여기서부터 시작된다. 카피는 원치 않는 사람들에게까지 보이기에 누군가는 카피를 보고 짜증을 내거나 불쾌감을 느끼기도 한다. 일부러 찾아보는 글, 돈을 주고 보는 글이 아니라서 쉽게 '스킵'되거나, 읽더라도 너무 쉽게 잊힌다. 수없이 많은 사람을 거쳐가는 과정에서 내가 썼으나 내가 쓰지 않은 글로 완성될 때도 많다. 돈을 받고 쓰는 글이기에 애초부터 내 글이 아니었다고 받아들이는 순간이 오기도 한다. 돈을 받고 쓰는 글, 돈을 준 사람의 글, 그게 '카피'라고 말이다.

다시 한번 말하지만 나는 카피를 쓰는 일이 어렵지 않다. 쓰는 순간마다 대체로 즐겁다. 그래서 수정이 들어왔을 때 기꺼이 다시 쓴다. 내가 선택한 카피라는 장르를, 카피라이터라는 직업을 정말 사랑한다.

하지만 슬프게도 내게 카피를 맡기고 만족하지 못한 분들도 있었다. 아픈 손가락으로 남은 실패한 프로젝트들. 스스로를 지키기 위해 내 탓이 아니었다고, 상황이 좋지 않았던 거라고 핑계를 늘어놓기도 한다. 하지만 결국 모두를 만족시키는 결과를 만들지 못했다는 명백한 사실이 날카로운 고통으로 파고드는 밤이면, 부끄러움과 괴로움에 잠을 설친다. 하지만 실패를 복기할수록 다음 프로젝트의 카피는 그만큼 성장해 있을 것이기에, 실패는 실패대로 성공은 성공대로 똑바로 마주하려 한다.

그래서인지 회사를 그만두고, 프리랜서 카피라이터가 된 순간부터 단 한 번도 일을 쉬지 못했다. 이 얘기는 다시 말해, 일이 끊겼던 적이 없다는 자랑이기도 하지만 일을 멈추는 것에 대한 엄청난 불안감을 갖고 있다는 고백이기도 하다. 나의 카피라이팅 능력은 결코 완성형이 아니기에 이번 카피에서 다음 카피로, 다음 프로젝트에서 그다음 프로젝트로 끊임없는 자책과 수정, 후회와 재수정을 반복하며 아주 조금씩 성장하고 있다. 성장은 경험과 비례한다고 믿기에 최대한 많은 카피 프로젝트를 경험해보려고 지금도 노력 중이다.

지금까지 출판 의뢰가 꽤 여러 번 들어왔지만 매번 고사했던 건, 그 이유 때문이었다. 내가 카피에 대해 뭘 안다고. 어제 모르던 걸 오늘 깨달으며 아주 조금씩 나아지고 있는데. 내가 카피에 대해, 카피 쓰는 방법에 대해 얘기할 자격이 있을까 하는 자기 검열. 이 글을 쓰고 있는 지금 역시도, 카피에 대한 내 생각을 기록으로 남기는 일에 대한 두려움이 크다.

카피에 대해 이렇게 자신이 없음에도 꾸준히 카피 강의를 해온 건, 강의에서 만난 수강생 분들의 실제 어려움이 내 고민을 해결하는 데 답이 된 적이 많기 때문이었다. 제품과 브랜드에 대한 각자의 고민을 갖고 있는 수강생들의 목소리에 귀 기울이다 보면 클라이언트들이 일을 맡긴 내게 속 시원히 보여줄 수 없었던 속내들을 발견할 때가 있다. 돌이켜보면, 지금까지 강의를 통해 만나온 수강생들과 강사였던 나는 그저 간단하게 정의할 수 있는 관계가 아니었던 셈이다. 다양한 프로젝트에서 더 다양한 측면으로 카피를 고민해온 나 자신과 제품·브랜드에 대해 본질적이고 구체적인 고민을 갖고 있지만 카피에는 다소 생소했던 수강생들. 즉 고민과 고민의 만남, 함께 고민하는 관계였던 것이다. 그들과 함께 나누었던 고민이 책을 쓰는 기반이 되었기에 이 책이 그들의 업무와 제품에 도움이 되길 바라는 마음이다.

2022년 가을
임윤정

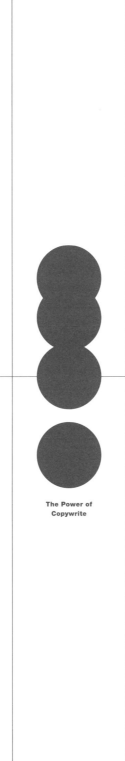

**The Power of
Copywrite**

CONTENTS

01 카피는 창의보다 이해가 필요할지도!
— 카피를 다시 정의하다

02 여긴 어디? 내 카피는 무엇?
— 어떻게 카피가 나뉘는지 알아야 한다

1

The Power of
Copywrite

카피는 창의보다
이해가 필요할지도!

- 다시 정의해보는 카피

① 카피가 뭐였지?

② 어떤 카피가 좋은 카피일까?

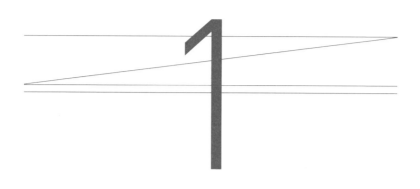

카피가 뭐였지?

강의를 시작하기 전, 이런 말씀을 하시는 분들을 종종 만나곤 한다. "한 줄의 문장으로 감동을 주는 비결이 궁금했어요", "멋진 문장 쓰는 노하우를 알려주시는 거죠?"라고. 이때 난 멋쩍은 웃음을 지으며 '내가 이분들을 실망시키겠구나'라는 생각을 한다. 아쉽게도 내 강의는 이런 기대를 충족시키지 못한다. 카피라이팅 강의에 과한 기대가 생기는 이유는 카피에 대한 좁은 정의 때문일 것이다.

우리는 오랫동안 '4대 매체'라 부르는 TV·라디오·잡지·신문에서 다양한 광고를 접해왔고, 이러한 전통적인 광고에서 만난 짧은 문장들을 카피라 불러왔다. 이 문장들은 소비자에게 위트와 공감을 부여하며 임팩트 있는 감정들을 남겼기에 사람들의 인식 속에서 '카피는 감동과 울림이 있는 문장'으로 정의내려졌던 것이다.

하지만 이러한 카피에 대한 잘못된 정의는 카피라이팅 실무에 장애로 작용한다. 실제로 카피라이팅 업무를 하다 보면 감동적인 문장을 쓸 기회는 아주 적다. 앞서 말한 4대 매체 광고나 브랜딩을 위한 스토리 작성을 제외하면 클라이언트는 카피라이터에게 '감동적이었으면 좋겠다' 혹은 '멋있었으면 좋겠다'는 요구를 하지 않는다.

대부분의 경우 카피는 어떤 목적을 해결하기 위해 쓰는 글이다. 제품의 장점을 홍보하고 제품의 사용법을 안내할 때나 제품의 판매처 및 행사를 고지하기 위해 쓰인다. 제품의 오류를 사과하기 위해서 쓰이는 카피도 더러 있다. 그래서 나는 카피를 이렇게 정의한다. '제품이나 브랜드, 기업을 둘러싼 모든 글쓰기'라고. 여기서, '모든'은 우리가 생각하는 것보다 넓고 무궁무진한데 멋진 카피도 포함되고, 사소하고 구차한 일상적인 카피도 해당한다.

최근에 내가 가장 많이 쓰고 있는 카피는 안타깝게도 갑작스러운 변경과 취소에 대해 안내하고 사과하는 내용이었다. 팬데믹으로 예정되었던 행사나 이벤트, 정기적인 세일들은 변경되거나 취소되기 일쑤였다. 변경 내용을 놓쳐 항의하는 소비자에게 클라이언트를 대신해 안타까움과 죄송스러운 마음을 담은 사과 편지를 보내기도 했다. 이런 편지 역시 클라이언트의 요청으로 돈을 받고 쓰인 이상, 카피의 범주 안에 있다.

카피를 포괄적으로 정의하고 나면 카피를 쓰는 일이 조금은 수월해진다. 이제 멋지고 크리에이티브하게 누군가를 감동시켜야 한다는 강박은 내려놓아도 좋다. 카피를 써야 할 상황에 놓였다면 카피를 쓰게 만든 그 상황을 해결하면 된다. '마케팅적 목적을 달성하는 글쓰기', 그것이 내가 생각하는 카피다.

2

어떤 카피가 좋은 카피일까?

카피를 '마케팅적 목적을 달성하는 글쓰기'라고 정의하고 나면, 카피는 아주 단순해진다. 말 그대로 목적을 달성하면 되는 것이다. 목적을 달성하기 위해 선행해야만 하는 전제 조건이 있는데 그것은 카피를 쓰기 전에 그 카피를 써야 하는 목적을 분명히 아는 것이다.

목적을 달성하는 글쓰기 = 카피
↑
목적을 분명히 아는 상황

목적도 모르고 카피를 쓰는 경우가 있을까? 있다! 생각보다 많은 프로젝트에서 목적을 모른 채 일단 쓰고 보는 상황이 빈번하게 있었다. 쓰고, 까이고, 다시 쓰고, 수정하면서 희미했던 목적을 확인해간다. 이런 난감하고 지루한 상황은 크게 두 가지 원인으로 발생한다.

첫 번째, 클라이언트는 자신의 기업·브랜드·제품이 처한 상황을 정확하게 이해하지 못하고 있어서 이 영역의 전문가라고 믿고 있는 카피라이터에게 모든 것을 전적으로 맡기겠다고 말하는 경우다. 카피라이터가 카피의 목적을 스스로 파악하고 알아서 써주기를 바라는 프로젝트인 것이다. 가끔은 클라이언트도 몰랐던 브랜드의 문제 상황을 찾아내 '짠!'하고 아주 멋지게 해결하기도 하지만, 이런 프로젝트는 대부분 실패하고 만다.

외상이 있어 의사를 찾아온 환자가 있다고 가정해보자. 눈에 띄는 분명한 상처가 있다면 좀 더 쉽게 상처를 치료할 수 있을 것이다. 또한 혹시 모를 내상을 확인하기 위한 검사를 진행하고 여기서 내상이 발견되면 치료하면 된다. 이처럼 눈에 띄는 분명한 문제나 상황을 가지고 찾아온 클라이언트가 있다면 좋은 카피는 단순해진다. 제품에 대한 안내, 행사에 대한 홍보, 변경에 대한 사과…. 클라이언트가 가지고 있는 눈에 띄는 목적을 달성한다면 그 카피는 좋은 카피가 된다.

하지만 명확하지 않고 어렴풋한 증상으로 의사를 찾아온 환자가 있다고 하자. 정확히 언제부터인지 모르겠지만 가슴에 통증이 있다고 한다. 날마다 다르게 찌르는 듯한 통증과 묵직한 아픔도 느껴져서 어디가 문제인지 잘 모르겠다고 한다. 이런 경우 의사는 아주 기본적인 검사에서 시작해 증상을 발현시킨 질병을 찾아갈 것이다. 그래도 찾지 못하면 또 다른 검사로 온몸을 다 확인하고 짚어보며 원인을 찾아갈 것이다.

이와 비슷한 프로젝트도 존재한다. 클라이언트가 정확히 무엇이 문제인지는 모르겠지만 '분명 제품은 경쟁사에 비해 더 좋은데 판매는 저조하다. 이유를 모르겠으니 전문가 입장에서 한 번 봐 달라'고 묻는다. 이때 카피라이터는 굉장히 난감해진다. 눈에 보이는 뚜렷한 문제가 있을 수도, 밖에선 도저히 파악할 수 없는 문제가 있을 수도 있기 때문이다. 문제에 대해 가늠할 수 없기에 이를 짚어가는 과정에서 카피라이터와 클라이언트는 모두 지친다. 클라이언트는 길어진 프로젝트 기간에 대한 추가적 비용이 발생한다면 이를 받아들이지 못할 수도 있다. 전문가의 능력 부족으로 결론짓기도 한다.

두 번째, 클라이언트는 목적을 A라고 얘기하지만, 실상은 B일 때가 있다. 실제로 이런 프로젝트를 진행한 적이 있었다. 사람들의 이목이 축구에 쏠리는 월드컵 시즌에 축구팬들이 재밌어할 캠페인을 진행하고 싶다며 의뢰한 클라이언트가 있었다. 여기서 클라이언트가 말하고 있는 목적 A는 '축구팬들을 위한', '축구팬들이 재밌어할'로 볼 수 있다. 하지만 얘기하지 않은 진짜 목적 B는 '축구팬들이 월드컵 시즌에도 우리 브랜드를 떠올릴 수 있는 캠페인', '월드컵 시즌에도 축구팬들에게서 매출이 나올 만한 캠페인'이었다.

만약 카피라이터가 정말 제품·브랜드와 연관 없이 축구팬들만을 위한 캠페인을 구상해 갔다면 아마추어라는 소리를 들었을 것이다. A라고 말하고 있지만 그 안의 B를 해석해내는 능력은 경력이 쌓이면서 자연스럽게 생겨날 것이다. 그래서 나는 카피라이터 경력이 쌓일수록 결국 카피는 창의의 영역이 아닌 이해의 영역이라 생각하게 된 것이다.

이쯤에서 클라이언트의 제품을 구매하고 카피의 타깃이 되는 소비자에게 있어 좋은 카피는 무엇인지 궁금해지기도 한다. 일단 질문에 답하기 전에 이 문제부터 짚고 가보자. 카피를 읽고 싶어서 기다리거나 찾아보는 소비자가 있을까?

나는 어렸을 때부터 시·소설·동화·드라마 극본 등 대부분의 글을 좋아했기에 카피 역시 좋아했다. 일부러 찾아볼 필요 없이 TV만 틀면 볼 수 있었고, 길을 지나거나 신문과 잡지를 뒤적이면 '툭'하고 카피가 나왔다. 우연히 만난 카피는 시 한 구절, 소설 한 문장, 명언처럼 마음속에 확 꽂혀 들어와 오래도록 남았다. 감동으로, 울림으로, 깨우침으로. 그런 경험들이 지금의 나를 카피라이터로 만들었는지도 모른다.

하지만 지금의 소비자들은 볼거리가 너무나 많다. 말 그대로 미디어와 콘텐츠의 홍수 속에 살아가고 있다. 볼 것이 많고 전부 챙겨 보느라 바쁘기도 한 탓에 카피를 챙겨보길 좋아하는 순수한 소비자는 이제 없어진 듯하다. 카피나 광고를 일부러 찾아보는 누군가가 있다면 업계 사람이거나 업계에 들어오고 싶어 하는 사람이다. 소비자는 대부분 광고와 카피를 '스킵'한다. 나는 카피라이터이기도 하지만 동시에 소비자다. 소비자 입장에서 좋은 카피는 최대한 소비자의 시간을 뺏지 않는 것이라 생각한다.

좋은 카피에 대한 견해는 사람마다 차이가 있겠지만, 적어도 내 입장에서 가장 좋은 카피는 내가 빠르고 쉽게 쓴 카피다. 카피가 어렵다고 말한 앞선 얘기를 번복하는 건 아니다. 정확히 말하면 카피의 어려움은 쓰는 행위가 아닌 클라이언트를 만족시키고 목적을 달성하는 것으로 여전히 나는 카피와 관련한 전반적인 업무에 어려움을 느낀다. 매번 새롭게 어려우나, 쓰는 일 자체는 즐거움이다. 카피라이터라면 카피를 쓰는 순간만큼은 괴롭지 않아야 한다.

쓰는 일 자체를 어렵고 무겁게 받아들이고 있다면, 쓰는 것 자체에 과도한 스트레스를 받는다면 카피라이터로 살아가는 매일이 고통의 연속일 것이다. 카피를 쓰는 일이 수월해야 여러 개를 쓸 수 있다. 그래야 다양한 옵션으로 클라이언트의 의중을 빠르고 확실하게 파악할 수 있다. 한 줄 쓸 거 두 줄 써서 보다 자세히 쓸 수 있어야 한다. 그래야 클라이언트가 만족하고 소비자가 이해하는 카피를 쓸 수 있다.

'인생은 살기 어렵다는데 시가 이렇게 쉽게 씌어지는 것은 부끄러운 일이다'라는 윤동주 시인의 〈쉽게 씌어진 시〉를 떠올릴 때마다, 내가 시인이 아닌 카피라이터라서 얼마나 다행인가 하고 생각한다. 한 번 더 강조하자면 카피라이터 입장에서 좋은 카피란 쉽게 쓴 카피다.

정리해보자. 좋은 카피는 클라이언트가 만족하는 목적을 달성하는 카피, 소비자의 시간을 빼앗지 않은 카피, 쓰는 입장에서 쉽게 쓴 카피다. 그래서 나는 목적을 달성하는 카피를 쓰는 법, 소비자에게 거슬리지 않는 카피를 쓰는 법, 이런 카피를 쉽게 쓰는 법을 안내하고자 한다.

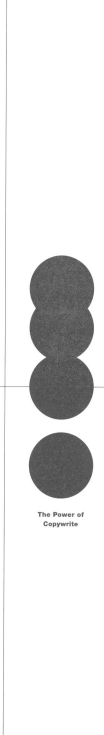

**The Power of
Copywrite**

2

The Power of
Copywrite

여긴 어디,
내 카피는 무엇?
- 어떻게 카피가 나뉘는지
알아야 한다

① 클라이언트와 일할 땐 이렇게 나눈다

② 카피라이터 시점에서 카피 보기

③ 소비자의 시선이 이동하면 카피도 변한다

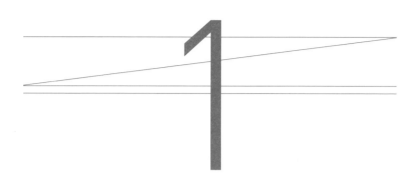

클라이언트와 일할 땐 이렇게
나눈다

― 미디어에 따라 구분하는 카피

카피를 분류하는 기준은 다양하지만 미디어에 따라 종류를 나누는 것이 가장 쉬운 구분법이다. 업무상 많이 통용되는 미디어 구분법은 온드 미디어(owned media), 언드 미디어(earned media), 페이드 미디어(paid media)로 구분하는 '트리플 미디어 이론'이다.

― 온드 미디어의 카피
기업이나 브랜드가 가지고 있는 미디어는 굉장히 많고 다양하다.

기업이나 브랜드가 운영하는 SNS나 플랫폼은 물론이고 제품을 소개하는 문구가 들어간 제품의 패키지나 이를 실어 나르는 배송 차량의 외관 스티커까지 모두 온드 미디어다. 카탈로그나 팸플릿, 기업이나 브랜드의 건물에 내걸 수 있는 현수막 또한 온드 미디어에 속한다.

온드 미디어는 소유권이 기업이나 브랜드에 있는 만큼 사용이 자유롭고 하고 싶은 얘기를 마음껏 할 수 있다는 장점이 있다. 이 미디어를 잘 운영하면 기업이 원하는 방향·이미지·콘셉트로 소비자에게 그들의 제품·브랜드·기업을 알릴 수 있다.

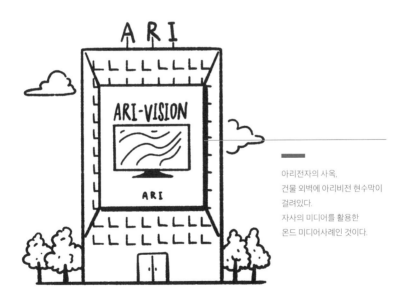

아리전자의 사옥.
건물 외벽에 아리비전 현수막이
걸려있다.
자사의 미디어를 활용한
온드 미디어사례인 것이다.

아리전자의 공식 인스타그램이 있다면
이 계정은 자사의 미디어, 온드 미디어.
아리전자 계정에 올라오는 콘텐츠들은
온드 미디어 콘텐츠인 것.

— 언드 미디어의 카피

언드 미디어는 의도하지 않았는데도 저절로 생겨나서 획득한 미디어를 의미한다. 소비자가 제품을 사용하고 자발적으로 남긴 후기, 대가 없이 인플루언서가 제품을 쓰는 모습이 노출되면서 제품이 자연적으로 홍보된 경우를 예로 들 수 있겠다.

홍보성 기사나 방송 PPL, 인플루언서 마케팅 등 돈을 지불하고 소개된 콘텐츠들은 언드 미디어라고 볼 수 없다. 돈이 들었다면 그것은 언드 미디어인 척하는 페이드 미디어다. 언드 미디어는 컨트롤할 수 있는 영역이 아니기 때문에 카피를 쓸 수 있는 여지가 없다. 그러나 온드 미디어나 페이드 미디어가 어떤 카피나 콘텐츠로 운영되느냐에 따라서 언드 미디어의 내용에 영향을 줄 수 있으므로 카피와의 관련성이 전혀 없다고 할 수는 없다.

아리전자의 공식 인스타그램이 있다면
이 계정은 자사의 미디어, 온드 미디어.
아리전자 계정에 올라오는 콘텐츠들은
온드 미디어 콘텐츠인 것.

━ 페이드 미디어의 카피

페이드 미디어는 기업이 구매한 미디어로 TV·라디오·인쇄·옥외 광고 같은 4대 매체 광고부터 배너·키워드 광고·SNS 광고 등의 디지털 매체 광고와 PPL·인플루언서 마케팅까지 돈을 지불해 구매한 모든 미디어를 일컫는다. 우리가 일반적으로 광고라 부르는 콘텐츠 대부분이 페이드 미디어에서 본 것이다.

드라마를 보려고 TV를 틀어 놨다가
아리비전 광고를 보고 있는 사람들.
이 상황은 TV광고라는
페이드 미디어 활용 사례다.

카피라이터 시점에서 카피 보기
— 상황과 목적에 따라 구분하는 카피

— 브랜딩 단계

카피라이터가 카피 업무를 의뢰받게 되는 가장 흔한 상황은 클라이언트가 제품이나 브랜드를 론칭하는 경우다. 제품 및 브랜드의 종류는 유형부터 무형의 서비스까지 다양할 수 있지만, 모두 카피가 필요하다는 사실만은 동일하다.

— 톤 앤 매너 수립

아직 완성되지 않은 제품·브랜드를 개발하는 과정에서 카피가 필요한 경우는 대개 만들 제품·브랜드가 무엇인지는 결정되었지만, 어떤 것인지는 결정되지 않은 때다. 콘셉트나 톤 앤 매너(tone &

manner)가 아직 미정인 것이다.

톤 앤 매너를 수립한다는 것은 제품·브랜드에서 소비자가 어떤 감성을 느끼게 만들지와 제품·브랜드의 성격과 분위기를 만들어가는 일이다. 제품·브랜드 개발 과정에서 톤 앤 매너가 정해지면 제품·브랜드를 만들어가는 사람들이 방향을 잡는다. 잡힌 방향은 이후에 쓰여질 또 다른 카피와 디자인을 정하는 등 많은 결정의 잣대가 되기도 한다.

심리학에 근거한 행복 관련 앱을 개발하는 프로젝트에 카피라이터 및 UX라이터로 참여한 적이 있다. 프로젝트를 시작하는 첫 단계에서 내가 작업했던 일은 네이밍과 함께 앱 전반의 톤 앤 매너를 잡는 일이었다. 첫 번째, 전문적, 학술적으로 신뢰감을 주는 방향, 두 번째, 친절하고 편안하게, 언제든 들르고 싶은 친근함을 주는 방향. 이렇게 두 가지의 톤 앤 매너 방향이 있었다. 둘 중, 친근함을 주는 두 번째 톤 앤 매너가 선택되었고 이는 네이밍을 비롯해 앱 내 모든 카피의 기준이 되었다. 정해진 톤 앤 매너를 기준으로 여기에서 벗어난 단어나 문장은 최대한 배제하고, 꼭 들어가야만 하는 전문적인 용어가 있다면 최대한 쉽고 짧게 바꾼다. 예를 들어 회원 가입 시 닉네임을 입력해야 하는 문구가 있다고 해보자.

친근한 톤 앤 매너라는 방향에 맞춰 ①을 ②로 수정했다. 카피를 좀 더 짧게 적어서 사용자가 읽는 시간을 줄여 편하게 읽게 할 것, 하지만 전달해야 하는 내용은 제대로 전달하는 것이 내가 ①을 ②로 수정하는 기준이 되었다.

신경증 → 예민성

앱 내 콘텐츠에 들어갈 심리학 용어 중 신경증이라는 단어가 있었다. 민감하고 예민한 성격 특성을 의미하는 단어로 심리학에선 흔하게 사용되는 용어라고 했다. 하지만 심리학에 대해 잘 모르는 일반 사용자 입장의 나로선 신경증이라는 단어가 몹시 신경 쓰였다. 만약 내 성격을 분석하는 내용 안에 '당신은 신경증 성향이 강하다'

행복행 앱 네이밍 및 UX라이팅 작업

톤앤매너를 수립한 뒤,
톤앤매너의 방향성을 바탕으로
네이밍과 태그라인,
앱 내 카피를 작성했다.

라는 말이 있다면 다소 불쾌할 수도 있을 것 같다는 생각이 든 것이다.

나는 이 단어를 민감성 또는 예민성으로 수정할 것을 제안했고 심리학 전문가분들과 충분한 논의 끝에 신경증이란 단어 대신 예민성이란 단어를 사용하는 것으로 마무리했다. (다른 심리학 논문에서도 예민성이란 단어를 사용하는 경우가 종종 있다고 한다) 자신의 검사 결과를 보는 입장에서도 '신경증 성향이 강하다'는 말보단 '높은 예민성을 갖고 있다'는 말이 받아들이기 편하다. 같은 의미의 말이라도 친절하게 얘기하는 것이 이 앱의 톤 앤 매너였으니까! 카피라이터는 카피의 방향성이 흔들리지 않도록 매 순간 점검하는 단어와 문장의 감독관이 되는 것이다.

━ 네이밍

네이밍(naming)은 말 그대로 이름을 짓는 것이다. 네임을 부여하는 것, 쉽게 작명으로 이해하면 될 듯하다. 예전부터 제품과 브랜드에게 이름은 무엇보다 중요한 것이었지만, 많은 제품과 브랜드가 온라인에서 홍보되고 판매되는 요즘은 네임의 중요성은 보다 더 높아지고 있다. 다른 걸 사다가 엉겁결에, 지나가다 우연히 이름도 모르고 충동적으로 무언가를 사는 기회 자체가 줄고 있기 때문이다.

신세계푸드 만두 네이밍 & 스토리 작업

오래도록 기억에 남는 맛있는 음식에
'인생-'이라는 수식을 붙이는 것에서 착안,
새로운 왕교자 제품을 <인생왕교자>라고
네이밍했다.
또한, 만드는 사람들도 자신의 인생을 걸고
엄선된 재료, 노하우와 정성을 담아
<인생왕교자>를 완성했다는 스토리를
제품 스토리에 담았다.

사람들이 매장에 가야지 무언가를 구매할 수 있던 시절엔 제품과 브랜드 이름을 굳이 알리지 않더라도 제품을 판매할 수 있었다. 이름 모르는 브랜드지만 시식 코너에서 맛보니 맛이 좋아서, 다른 걸 사려다가 가격이 더 저렴한 제품이 나란히 놓여 있어서, 제품의 디자인이 더 좋아서. 어쩌다가 덩달아 제품이 팔렸다.

하지만 요즘 소비자들을 생각해보자. 제품을 어디에선가 보게 되면 그 제품에 관심이 생겨 사고 싶어질 때 일단 검색을 해본다. 검색을 통해 타사의 제품과 비교해보거나, 더 저렴한 가격에 살 수 있는 곳을 찾아보기도 한다. 요즘 소비자들은 물건을 사기 위해 무조건 검색을 한다. 검색을 하려면 검색값이 있어야 하는데 이것이 바로 이름이다. 제품·브랜드의 이름은 온라인 세상 속의 검색값이며 좌표다.

카피라이터나 네이미스트(네임을 짓는 사람)처럼 전문적으로 네이밍을 하는 사람들에게 네이밍을 의뢰한다는 건 상표권 등록이 필요한 공식적인 제품·브랜드명을 짓기 위해서인 경우가 많다. 상표에 대한 권리를 안전하고 확실하게 갖기 위해 변리사의 협조를 받으며 네이밍을 진행한다. '더 이상 새로운 이름이 등록되는 것이 가능하기나 할까'하는 생각이 들 정도로 세상엔 이미 너무 많은 네임들이 등록되어 있다. 네이밍의 과정은 사실 크리에이티브가 필요한 과정이라기보단 검토와 확인의 과정, 말 그대로 노동의 과정이다.

영어학원 네이밍 작업을 진행했던 적이 있었다. 아이와 부모님이 좋아할 법한 밝고 긍정적인 성장의 의미를 내포한 단어들을 조합해 '**잉글리시' 형태의 네임들을 10개 정도 만들었다. 단어를 조합해 네임을 만드는 이유는 합성어만 상표권 등록이 가능하기 때문이다. 다시 말해 단일한 보통 명사는 상표권 등록이 불가능하다. 예를 들어 성장의 의미를 담아 '트리잉글리시', '쑥쑥잉글리시', '잉글리시빅'이란 네임들을 지었다고 해보자.

네이밍 시안 리스트가 나오면 나는 변리사에게 검색을 의뢰한다. 여기서 검색 의뢰란 이미 등록된 상표 가운데 내가 생각한 네임들과 겹치는 게 있는지, 그래서 내가 생각한 네임이 상표권 등록이 가능한지를 확인하는 작업이다. 위 세 가지 네임 후보는 모두 상표권 등록이 불가하다. 이미 상표권이 등록되어 있거나 유사한 네임들이 이미 등록되어 있어 다른 상표권을 침해할 수 있기 때문이다. 네이밍 해당 분야가 포화 상태라면 상표권 등록이 가능한 새로운 네임을 찾는 건 더욱 어려워진다.

상표권 등록이 워낙 까다로워서 상표권 등록이 필수인 네이밍 작업은 전문가에게 맡기는 것이 좋으나, 아이데이션(ideation)만이라도

MIND MIND 브랜딩 작업

독 트레이닝 센터의 브랜딩 작업,
반려견에게 사람의 생각과 명령을
전달하고 훈련시키는 게 아니라
마음에서 마음으로 서로를 이해하고 함께
살아간다는
클라이언트의 철학과 교육 목표를 담아
네이밍 및 브랜딩 작업을 진행했다.
클라이언트가 셀렉한 네임은 상표권 등록
진행 중이며
교육 철학을 담은 카피는 교육 노트에
실렸다.

반려견 교육 다이어리는
Mind Mind 교육생에게 제공되는 교육 보조재입니다.

성공적이고 효율적인 반려견 교육을 위해
가장 우선되어야 할 부분은 우리 반려견을 잘 이해하는 것입니다.

반려견이 무엇을 좋아하는지, 무엇을 싫어하는지,
가르치고자 하는 것을 반려견이 어디까지 이해하고 있는지,
반려견이 교육 중 달달하고 있지는 않은지, 교육을 즐기고 있는지,
빨리 교육이 끝나길 바라지 않는지 등
반려견 교육 다이어리는 트레이너와 보호자에게 많은 정보를 제공합니다.

또한 교육의 진행 상황을 기록하면서
반려견 교육이 너무 한 가지에만 치우쳐 있지는 않은지,
지금 하는 교육이 올바른 방향으로 가고 있는지 확인하면서
올바른 교육 계획을 세울 수 있을 것입니다.

'서로의 마음을 이해하고 즐길 수 있는 교육'이라는
Mind Mind의 교육 철학을 믿어주시고 찾아주신 만큼
저희 Mind Mind 교육 센터는 '반려인이 즐거운 교육,
소통할 수 있는 교육'으로
반려견과의 깊은 상호 신뢰를 쌓을 수 있도록 최선을 다하겠습니다.

감사합니다!
Happy Training~~~!

Mind Mind 대표 트레이너 히 준

SOCIALIZATION CHECKLIST

사회화 교육은
반려견이 새로운 자극과 환경을
잘 받아들일 수 있도록 돕는데 목적이 있기에
처음부터 어떠한 자극에 직접적인 접촉을 해야 하는 것은 아닙니다.

만약 우리의 반려견이 특정 환경과 자극에 두려움을 느낀다면,
한 번에 그 자극을 익숙하게 만들기는 어렵습니다.
받아들일 수 있을 정도의 약한 강도로 자극에 노출시켜주면서
서서히 긍정적인 경험을 하도록 해주시는 게 좋습니다.

두려움이 많거나 의심이 많은 반려견은
특정 자극에 직접적으로 대면하게 만들기보다는
자극 주변에서 편안함을 느끼도록 도와주세요.

우리의 반려견이 낯선 환경과 자극을 받아들이는 상태에 따라
점진적으로 사회화 교육을 진행해 주시면 됩니다.

반려견의 마음을 이해하는 사회화 교육으로
반려견도 편안한,
반려견과 반려인 모두가 행복한 일상을 만들어 보세요.

직접 해야 하는 상황(검색 의뢰 및 등록 절차는 변리사에게 맡기는 상황)이라면 이 세 가지는 꼭 기억해 두는 게 좋다.

① 단일 보통 명사는 등록 자체가 되지 않으니 두 단어 이상을 조합할 것.

② 변리사에게 검색을 의뢰하기 전, 검색 인터넷에 직접 검색해 볼 것 (내가 생각한 이름들을 인터넷에 검색해서 미리 걸러내는 작업을 하자. 변리사에게 검색을 의뢰하는 이름 개수마다 비용이 들어가니까 말이다).

③ 이미지 검색도 해볼 것(네임의 의미와 어감은 좋으나 검색되는 이미지와 단어의 의미가 맞지 않거나 이미지 자체가 좋지 않을 때가 있기 때문이다).

상표권 등록이 필요한 제품·브랜드 네이밍 업무보다 실제 업무에서 더 많이 필요한 네이밍 업무는 아마 제품의 팻네임(pet-name)을 만들거나 행사·이벤트·콘텐츠의 타이틀을 만드는 일일 것이다.

팻네임은 말 그대로 제품의 별명이다. 키워드나 메인 해시태그 등으로 부르기도 한다. 팻네임에 쉬운 예시를 들자면 각자 가지고 있는 별명이 아닐까 싶다. 나의 어렸을 적 별명은 임금님이었다. 다른 이유는 없다. 성이 임 씨라 임금님이 된 것이다. 만약 오 씨였다면 오이지, 강 씨였다면 강아지가 되었을지도 모른다.

이름인 제품·브랜드 네임은 한 번 지으면 오래도록 쓰인다. '잘 기억되는', '연상이 쉬운' 이름을 짓기보다는 '부르기에 아름다운', '좋은 의미를 가진' 것에 더욱 중점을 둔다. 하지만 별명인 팻네임은 이와 반대다. 좋은 의미를 가지기보단 한 번 들으면 잊혀지지 않는, 짧은, 기억하기 쉬운 이름일수록 좋다.

다시 말해 제품·브랜드 네임이나 팻네임을 지을 땐 각각에 맞는 방법으로 접근해야 한다. 제품·브랜드 네임이 사람들에게 잘 기억되었으면 좋겠다는 과도한 욕심 때문에 팻네임에 어울릴 법한 네임을 상표권 등록까지 해서 공식 네임으로 사용하는 우스운 사례도 있다. 지나치게 유행을 타는 단어를 조합한 네이밍이 그 예시다. 한창 유행한 '마약', '악마', '천사' 등을 붙여 네이밍을 했다면 얼마 지나지 않아 유행이 끝났을 때 네이밍을 바꿔야 하는 수고로움이 생긴다. 이 유행타는 네이밍에 들인 인력과 비용, 기존 네임을 커뮤니케이션해왔던 시간이 다 무용지물 되는 것이다. 그렇기에 내가 지금 생각하고 있는 네이밍이 팻네임에 어울리는지, 제품·브랜드 네임에 어울리는지 점검해야 한다.

행사 및 이벤트나 콘텐츠의 타이틀을 짓는 일도 네이밍에 해당 된다. 행사·이벤트·콘텐츠가 갖고 있는 성격과 역할에 따라 네이밍의 방법은 달라진다. 허나 가장 중요한 건 행사·이벤트·콘텐츠가 얼마만큼의 연속성을 가지고 진행될 것인가 하는 문제다. 한 번 하고말 거라면 이는 팻네임과 유사해진다. 지금 기억에 잘 남을 만한 주목도가 높은 네이밍을 하면 된다.

① 반값 와인 아웃렛
② 1+1 와인 창고 개방전
③ 블랙 와이너리 데이

예로 와인에 관한 세일 행사를 진행한다고 해보자. 위 세 가지 네이밍 후보 중에서 ①은 '반값'이라는 단어를 통해 할인 폭을 강조하고 있다. ②는 '1+1'이라는 혜택을 강조한다. ③은 행사 자체를 브랜딩하고 있다. 명확한 수치를 나타내는 ①, ②와 다르게 '블랙 프라이데이'라는 단어를 활용해 할인 행사라는 내용과 와인이라는 주제를 드러내고 있다. 연속성 있게, 오래도록 진행될 행사라면 ③같은 자체 브랜딩된 네이밍이, 단기로 진행될 행사라면 ①, ②번처럼 할인폭 등의 혜택을 강조하는 네이밍이 유리할 것이다.

━ 태그라인과 슬로건

태그라인에 대한 정의는 책이나 사람마다 다르다. 태그라인·슬로건·캐치프레이즈라는 단어가 혼용되고 있어서 실제로 업무를 하다 보면 '태그라인이 필요하다'라고 말한 클라이언트의 업무 요청이 슬로건 제작에 관한 업무일 때도 있었다. 나는 되도록 업무의 효율을 위해서 태그라인과 슬로건이라는 용어 자체를 정확히 구분하려고 노력한다. 그 노력의 일환으로 일하거나 강의할 때마다 두 용어를 완전히 구분해서 알리고 있다.

태그라인은 말 그대로 태그(tag)다. 태그라인은 대개 제품·브랜드·기업·행사·콘텐츠 등의 이름 주변에 붙어서 정의하는 역할을 한다. 우리가 산 제품에 붙어 있는 제품 라벨처럼 '이것은 무엇이다'라고 정의하는 것이다.

태그라인은 로고나 이름 위에 붙어있는 경우가 가장 흔하다. 로고나 이름 위에 붙어서 로고와 이름이 무엇인지 설명하는 것이다. 가령 아래 배달의 민족 로고 위에 '천만 다운로드 배달앱'과 쏘카 로고 위에 '대한민국 카셰어링'은 이름에 붙는 태그라인이 되는 것이다.

천만 다운로드 배달앱
배달의 민족

대한민국 카셰어링
쏘카

어떤 제품·브랜드·기업이 초창기라면 이름보다 태그라인의 역할
이 훨씬 중요해진다. 배달 음식을 먹고 싶을 때마다 집 앞에 놓인 전
단지를 뒤적거리거나 114에 전화해서 식당 전화번호를 알아보던 시
절에 살던 이들에게 배달앱이라는 단어와 문화는 생소할 것이다. 때
문에 '배달의 민족'이라는 이름만으로는 이 브랜드가 무엇이고 나한
테 뭘 해주며 뭐가 편리한지 등을 직관적으로 떠올리거나 상상할 수
없다.

론칭 초기에 혁신에 가까운 분야일수록 제품·브랜드 이름에는
힘이 없다. 하지만 태그라인이 붙는다면 얘기가 달라진다. 브랜드가
무엇인지 설명하는 꼬리표나 상표가 생겨난 것이니까. 배달의 민족
로고 위에 붙은 길지 않은 한 문장 '천만 다운로드 배달앱'은 '배달
의 민족은 단체 이름이 아닌 배달 서비스를 제공하는 앱이구나'라

뷰노 하티브 브랜딩 작업

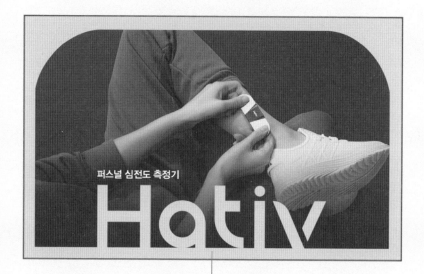

퍼스널 심전도 측정기

Hativ

심장의 상태를 체크할 수 있는
가정용 심전도 측정기, 하티브의
브랜딩 작업 일환으로 태그라인을 잡았다.
클라이언트 측에선 '가정용 심전도
측정기'라는 가이드를 줬지만
가정뿐만 아니라, 야외에서도
오피스에서도 자신의 심장 상태를 체크할
수 있다는 점을 살려 '퍼스널 심전도
측정기 ' 라는 태그라인을 완성했다.
이 제품이 무엇인지 정의 내리는 것, 그것이
태그라인이다.

는 걸 알게 해준다. 이미 천만 명 정도가 사용하고 있는 검증된 서비스라는 것도 알 수 있다.

론칭 초기의 제품·브랜드라면 태그라인은 꼭 있어야 한다. 제품·브랜드명만 들어도 사람들이 그게 무엇인지 알 수 있을 때까지 말이다. 하지만 시간이 지나 모두가 이름만으로 제품과 브랜드를 파악할 수 있게 된다면 그때부터 태그라인은 더 이상 필요치 않다. 배달앱이라는 설명 없이 배달의 민족이 어떤 서비스인지 다 알게 된 지금이라면 배달의 민족 위에 붙는 태그라인은 브랜드명을 가리는 거추장스러운 부연설명일 뿐이다.

그렇다면 슬로건이란 뭘까? 슬로건은 대체로 어떤 생각과 가치를 전하는 문장을 의미한다. 보통 제품·브랜드·기업이 갖고 있는 방향성, 철학, 스토리 등을 함축한 짧은 문장을 지칭하곤 한다. 마케팅이나 카피라이팅을 제대로 공부해본 사람이 아니라면 슬로건의 정확한 의미와 다양한 용례들을 알지 못할 확률이 높다. 그럼에도 슬로건이 기업의 방향성이자 철학이라고 믿는다. 기업이 슬로건에 반하는 행동을 하거나 슬로건을 충족시키지 못하는 서비스를 제공하면 실망하고 비난하기도 한다.

태그라인의 예시로 적은 쏘카의 경우 '대한민국 카셰어링'이라는 태그라인을 쓰고 있던 당시 '차가 필요할 때, 타면 된다'라는 슬로건으로 캠페인을 진행했다. 쏘카가 해당 슬로건으로 소통할 수 있던 이유는 쏘카를 통해 사람들은 차가 필요할 때면 언제든 탈 수 있게 되었기 때문이다.

쏘카라는 서비스의 등장을 기점으로 세상은 변화했다. 카셰어링이라는 서비스가 생겨나기 전에 사람들은 차를 빌리는 경우, 전부터 미리 계획을 세워야만 했다. 급하게 빌리려고 하면 원하는 차를 빌릴 수 없거나 비싸게 빌려야 했던 것이다.

쏘카가 슬로건을 통해 밝히고 있는 것처럼 쏘카가 생겨난 지금은 차가 필요할 때 사용할 시간과 도착 지점을 정해 가장 가까운 곳에서 쉽고 빠르게 차를 빌린다. 차키를 받을 필요도 없다. 앱으로 시동이 걸리니까! '차가 필요할 때, 타면 된다'라는 가치를 실현했고 그에 합당한 서비스를 제공한다. 만약 쏘카가 이 슬로건을 지킬 수 없었다면 엄청난 고객 불만과 비난을 피하지 못했을 것이다. 지킬 수 없는 슬로건은 오히려 긁어 부스럼이 되기도 한다.

그래서 난 슬로건 업무가 들어오면 그 제품·브랜드·기업의 전반을 살핀다. 언제, 어떻게, 왜 시작되었는지부터 앞으로의 방향성과 추구하고 있는 미래는 무엇인지 확인한다. 간혹 대표가 갖고 있는 철

카피력

학·소명·좌우명 같은 것을 슬로건에 담아 달라고 하는 클라이언트도 있다. 만약 대표의 철학이 기업에서 만드는 브랜드와 제품에 담겨 있고 앞으로도 유지할 수 있다면 대표 개인의 철학이라도 슬로건에 담길 수 있다. 하지만 대표가 갖고 있는 철학·소명·좌우명이 오로지 그 대표만의 개인적인 것이라면 브랜드와 제품의 슬로건이 되어선 안 된다.

슬로건은 그 기업·브랜드·제품의 고유한 가치를 담지만 슬로건의 최종 종착지는 고객과 대중이다. 고객과 대중에게 전할 가치가 있는 메시지여야 하며 공유를 했으니 책임져야 하는 것이다. '고객과 대중이 공감해준 만큼 그 가치를 지켜가겠다'라고 말이다.

태그라인은 제품·브랜드·기업이 무엇인지에 대한 답이며, 슬로건은 제품·브랜드·기업이 왜 만들어졌고 어떤 가치를 추구하는지에 대한 답이다. 태그라인은 'Who와 What'을 슬로건은 'Why와 How'를 설명하는 역할을 하는 것이다.

카피라이터 및 크리에이티브 디렉터로 초기 브랜딩을 도와드렸던 '나인티데이즈'라는 회사가 있다. 처음 만났을 당시에는 슬로건이나 태그라인이 없었고, 서비스명만 정해진 상태였다. 나인티데이즈는 전자어음에 투자하는 P2B 투자 플랫폼이다. 보통 금융은 한 번

투자하면 짧아도 6개월, 길게는 36개월까지 나눠서 상환을 받기에 투자했다는 사실을 잊을 만큼 시간이 지나야 원금과 이자를 다 회수하는 장기 투자다. 빨리 원금과 이자를 받는 단기 투자면서 안정성까지 있는 서비스를 만들기 위해 나인티데이즈를 론칭한 것이다.

나인티데이즈의 투자처는 기업이 받은 전자어음이다. 이렇게 지급받은 어음은 3개월이 지나야 현금화할 수 있는데, 3개월이 지나기 전에 현금화를 하고 싶다면 은행에 수수료를 지급해야 했다. 현금화를 해주는 은행은 어음을 지급해 준 곳이 이름만 들어도 누구나 알 법한 대기업일지라도(신용도가 높은) 어음을 받은 회사가 큰 기업이 아니라는 이유로 어음을 현금화하는 수수료를 비싸게 매긴다. 급하게 현금이 필요할 때는 높은 수수료를 감수하고 현금화를 할 수밖에 없는 중소기업들을 위해 만들어진 서비스가 나인티데이즈인 것이다.

중소기업 대표들은 다른 기업으로부터 받은 전자어음을 나인티데이즈에 올린다. 90일 사이에 부도가 날 가능성이 적은, 신뢰할 수 있는 기업의 어음을 나인티데이즈에서 자체 심사하고, 일반 투자자들이 관심이 있는 전자어음에 투자한다. 그렇게 모아진 투자금들은 중소기업에게 지급된다. 중소기업 입장에선 나인티데이즈를 이용하는 것이 은행 수수료보다 비용이 적어서 부담을 덜 수 있다. 전자어음에 투자한 투자자들 입장에서는 다른 투자 상품보다 높은 이자를 얻을 수 있고, 개인과 사업에 투자하는 P2P 투자보다 안정적이라서 신뢰할 수 있다. 투자 기간도 90일로 비교적 빨리 수익을 낼 수 있다.

나는 나인티데이즈의 태그라인과 슬로건을 만들었다. 태그라인과 슬로건의 타깃은 나인티데이즈를 수많은 투자 상품 중 하나로 삼을 잠재 고객들과 일반 대중이었다. 브랜딩의 타깃이 일반 고객과 대중으로 정해졌으니 이들에게 나인트데이즈를 알리고 가치를 전달할 태그라인과 슬로건을 쓰면 되는 것이다.

태그라인은 나인티데이즈가 어떤 회사고 무슨 서비스를 선보이는지를 정의하는 것으로 '90일 단기 투자'라고 정했다. 슬로건은 나인티데이즈가 왜 만들어졌는지, 어떤 방향성과 가치를 가지고 나아갈지를 나타내는 것이므로 '금융의 편견을 깨다'라고 잡았다. '어음

금융의 편견을 깨다
90일 단기투자
나인티데이즈

이 오히려 안정적인 투자처라는 인식, 어음에 관한 사람들의 오해와 편견을 깨고 좋은 투자처라고 생각할 수 있게 만들고 싶다'라고 말하던 나인티데이즈 대표와 함께 나눈 대화가 도움이 되기도 했다.

슬로건은 기업·브랜드·제품의 철학과 가치를 말하고 있는 것임으로 기업·브랜드·제품의 담당자, 관계자, 고객, 대표와의 대화 속에서 슬로건 제작의 단서를 발견하기도 한다. 그래서 나는 슬로건 업무가 들어오면 관계자를 많이 만나고자 노력하며 다양한 주제로 깊이 있는 대화를 나누려고 한다.

블루오션에 해당하는 것이 아니라면 시장에는 같은 유형의 제품과 서비스가 필연적으로 존재한다. 같은 유형의 제품과 서비스라면 태그라인은 유사할 수밖에 없다. 하지만 슬로건은 다를 수밖에 없다. 각자 다른 생각·가치관·철학·배경을 갖고 있을 테니까 말이다.

금융의 편견을 깨다 90일 단기투자 나인티데이즈	편견을 깨는 단기투자 나인티데이즈

종종 태그라인과 슬로건을 합쳐 한 문장으로 사용하는 경우도 있다. 둘 다 적기에 자리가 협소해 두 문장에서 중요한 부분만 따서 짧게 요약하는 것이다. 나인티데이즈도 네이버 브랜드 검색 광고를 진행할 때 자사 홈페이지에 들어갈 소개 카피를 태그라인과 슬로건을 합쳐서 축약한 형태로 표기했다.

위의 예시는 태그라인과 슬로건을 줄여 태그라인의 역할을 하는 부분과 슬로건의 역할을 하는 부분을 한 문장 안에 합친 것이다. 태그라인과 슬로건은 그 역할 자체가 다르기에 둘 다 필요하다. 다만 상황에 따라 각각 따로 쓸지, 합쳐서 한 문장으로 쓸지 결정하면 된다.

하지만 태그라인이 무조건 필요한 건 아니다. 제품명이나 브랜드명이 어느 정도 태그라인의 역할을 하기도 한다. 예를 들어 '청소 천재'라는 브랜드에서 '쓱싹 청소포'라는 제품이 나왔다고 가정해보자. 이 브랜드명과 제품명을 읽은 사람들은 대부분 이 브랜드와 제품이 청소용품을 파는 곳이라는 걸 직관적으로 단번에 알아챘을 것이다.

'쓱싹 청소포'라는 제품명도 분명하고 확실하게 뭔지 알게 해주는 쉬운 이름이다. 이런 이름에 태그라인은 굳이 필요치 않다. 브랜

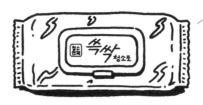

불필요한 브랜드 태그라인을 붙인 경우	불필요한 제품 태그라인을 붙인 경우
우리집 청소 전문가 청소 천재	완벽한 먼지 제거 청소포 쓱싹 청소포

브랜드명 위의 브랜드 태그라인은 '청소'라는
단어가 반복되며 중복되는 정보를 주고, 제품명
위의 제품 태그라인은 '청소포'라는 단어가
반복되어 불필표한 정보를 주고 있다.

드와 제품이 신생 브랜드라 할지라도 오히려 태그라인이 있음으로 똑같은 얘기를 반복하고 불필요한 정보를 거듭 제공하는 느낌을 줄 수 있기 때문이다.

이름이 태그라인의 역할을 수행하는 경우 태그라인은 과감히 제거하는 게 좋다. 태그라인이 없는 간결함이 브랜딩의 완성도를 높인다.하지만 태그라인이 필요 없다고 슬로건까지 필요치 않은 것은 아니다. 이 '청소 천재'라는 브랜드가 왜 탄생했는지 설명해야 하니까 말이다.

브랜드 슬로건+네임	제품 슬로건+네임
누구나 청소 전문가가 될 수 있도록 청소 천재	먼지, 스치면 잡는다. 쓱싹 청소포

태그라인과 슬로건은 혼재되어 사용된다. 하지만 두 가지의 역할은 분명히 다르기에 일을 하는 카피라이터 입장에선 분명히 확인해야 한다. 그래서 클라이언트에게 설명하고 질문해야 한다. 이렇게 우리 제품·서비스·브랜드 등을 정의하는 건 태그라인이고, 가치·철학·스토리를 전달하는 건 슬로건인데 정확히 어떤 게 필요한 것이냐고.

이렇게 네임, 태그라인, 슬로건까지 완성된다면 제품·브랜드·기업을 설명하는 가장 기본적인 카피가 완성된 것이다. '이름이 뭔지, 이름은 뭘 가리키는지, 왜 생겨났으며 어떻게 하고자 하는지'가 설명되었으니까 말이다.

이 명료한 소개 카피는 제품·브랜드·기업 소개에만 국한되는 건 아니다. 나는 나를 소개할 때도 이 구조로 나 자신을 소개한다. 간단하게 '필요한 문장을 써드립니다. 잘 쓰는, 잘 쓰고 싶은 카피라이터

임윤정입니다'라고 말이다.(우리 회사 이름이 '잘JAL'이어서 회사 이름을 알리고자 '잘 쓰는/쓰고 싶은' 이라는 말을 붙인다.) 여기에 '임카피라고 불러주세요'라는 말을 꼭 덧붙인다.

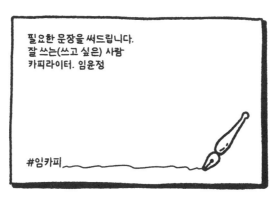

'임윤정'이라는 이름을 단번에 외우기 어려워 나를 부를 때 망설이는 사람이 없도록 하기 위해서다. 더 쉽고 빨리 기억해 자꾸 부르고 싶게 만들도록 기억하기 쉬운 '임카피'라는 팻네임을 미리 정해서 말하는 것이다.

당신도 당신의 이름·제품·브랜드가 쉽게 기억되고 불리고 싶다면 '슬로건·태그라인·네임' 소개에 덧붙여, 어떻게 기억하고 부를지 알려주는 '팻네임'까지 미리 정해 소개하는 것이 좋다.

슬로건	필요한 문장을 써드립니다.
태그라인	잘 쓰는, 쓰고 싶은 카피라이터
네임	임윤정
팻네임	임카피

━ 마케팅 단계

제품·브랜드·기업·콘텐츠·서비스의 톤 앤 매너, 네임, 태그라인, 슬로건 등 론칭을 위한 카피적 기반이 완성되면 이것을 알리기 위한 마케팅 단계에 들어선다. 새로 론칭하는 경우 말고도 리뉴얼 등으로 추구하는 방향이 바뀐다면 이를 알리기 위한 작업도 마케팅 단계의 카피에 해당된다. 클라이언트로부터 받게 되는 마케팅 단계의 카피에는 크게 두 종류가 있다. 첫 번째는 이미지를 소구하는 카피, 두 번째는 내용을 전달하는 카피다.

━ 이미지 소구 카피

이미지를 소구한다는 건 카피를 통해 소비자들의 머릿속에 제품·브랜드에 대한 구체적인 장점이나 설명을 남기겠다는 게 아니다. '갖고 있는 분위기, 가치, 톤 앤 매너, 방향성, 스토리 등을 소비자에게 남기는 것'이 목적이 된다.

위 따옴표 문장을 읽다보면 슬로건이 떠오를 것이다. 슬로건은 제품·브랜드의 가치, 철학, 방향성, 스토리를 전하는 가장 짧은 한 문장으로, 이미지 소구 카피의 주제는 대체로 슬로건이 된다. 슬로건이라는 한 문장을 주제문으로 카피를 쓸 때 이를 매니페스토(manifesto) 카피라 부른다.

2022 세컨드닥터 슬로건 및 광고/라디오/SNS용 카피

유방암 수술 후 1개월

"암, 할 수 있어" 라는 슬로건은
'아무렴, 할 수 있지' 라는 긍정적인
메시지와 '암(癌)' 이라는 질병을 극복할 수
있다는 의미를 내포하고 있다.
이 슬로건을 바탕으로 TV광고 카피,
라디오 카피, 소셜미디어 영상 카피 등이
완성되었다.

'매니페스토'의 의미는 '공직 후보자가 유권자에게 선거 공약의 정책 목표와 실현 시기 등을 구체적으로 제시하는 문서'다. 즉 브랜드나 기업이 왜 브랜드나 제품을 만들게 되었는지를 알리는 게 매니페스토 카피라고 볼 수 있다.

이미지 소구 카피는 대체로 30초 내지 1분 정도의 분량으로 제작되어 잡지·신문·옥외광고 등에 나가는 인쇄 광고 및 라디오 카피, TV·케이블·소셜미디어에 업로드되는 영상 광고 카피로 사용된다. 하지만 모든 이미지 소구 카피가 긴 분량으로 쓰이는 것은 아니다.

케이블 채널 '다문화TV'의 리브랜딩 프로젝트에 참여했을 때의 사례를 소개한다. 다문화TV는 새로운 슬로건이 필요한 상태였다. 처음 클라이언트는 다문화TV의 리브랜딩에 필요한 것이 태그라인인지, 슬로건인지, 두 개는 뭐가 다른지 혼란스러워했다. 그래서 두 가지의 다른 점을 설명하고 채널의 특성이 드러나는 '다문화TV'라는 이름엔 굳이 태그라인이 필요치 않다고 제안했다. 클라이언트도

우리 더하기 모두
다문화TV

그 점에 공감했다. 그래서 난 슬로건의 시안을 다음과 같이 잡았다.

하지만 이렇게 슬로건만 제안하면 클라이언트는 슬로건이 어떤 철학을 담고 있는지, 어떻게 커뮤니케이션할지 가늠하기 힘들다. 슬로건이 도출된 논리적 배경(업계에선 흔히 '앞단'이라고 부른다)과 함께 슬로건을 풀어쓴 스토리인 매니페스토 카피를 함께 보여줬다.

논리적 배경

우리³ 🔊 ★★★ ⊕
1. 대명사 말하는 이가 자기와 듣는 이, 또는 자기와 듣는 이를 포함한 여러 사람을 가리키는 일인칭 대명사.
2. 대명사 말하는 이가 자기보다 높지 아니한 사람을 상대하여 자기를 포함한 여러 사람을 가리키는 일인칭 대명사.
3. 대명사 말하는 이가 자기보다 높지 아니한 사람을 상대하여 어떤 대상이 자기와 친밀한 관계임을 나타낼 때 쓰는 말.

유의어 아등² 아배¹ 여등²
반의어 너희
표준국어대사전

우리¹ ⊕
명사 짐승을 가두어 기르는 곳.
유의어 권뢰 권함 목사⁴
표준국어대사전

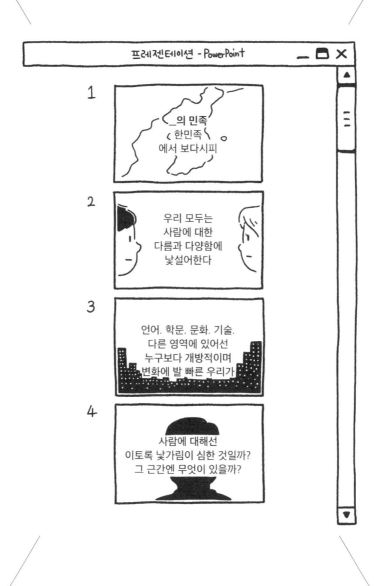

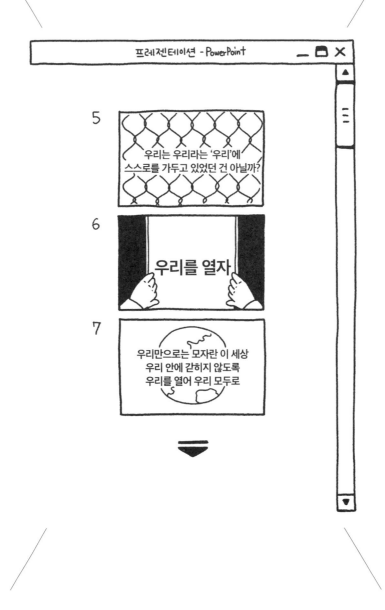

우리 엄마
우리 집
우리 동네
우리나라
우리 민족

우리는
'우리'라는 말을 좋아하는 사람들

우리는
우리를 지키는
다정하고 따뜻한 울타리이자

동시에
우리를 가두는 틀이기도 하니까

이제 우리의 문을 엽니다

더 넓은 세상으로 나아가기 위해
더 많은 모두와 만나기 위해

우리에 모두를 더해 함께하는 일

우리 더하기 모두
다문화TV

슬로건 자체는 짧은 문장이라 슬로건을 설명하는 스토리인 매니페스토 카피가 함께하지 않는다면 문장이 가진 힘을 온전히 전달하지 못할 수 있다. 이미지를 소구하는 이 카피가 슬로건의 의미를 충분히 전달한다면 나중엔 매니페스토 카피 없이 슬로건만으로도 감동과 공감의 메시지를 전하는 위력이 생긴다.

이미지를 소구하는 카피는 스토리와 감성을 온전하게 전달하는 것을 목적으로 해서 그 분량이 다소 길어질 수밖에 없다. 아마 위와 같은 분량이라면 60초 정도 시간이 소요될 것이다. 고객과 대중에게 긴 카피를 전달하기 위해선 긴 시간을 확보할 수 있는 미디어가 필요하다.

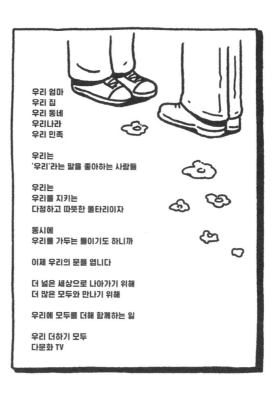

우리 엄마
우리 집
우리 동네
우리나라
우리 민족

우리는
'우리'라는 말을 좋아하는 사람들

우리는
우리를 지키는
다정하고 따뜻한 울타리이자

동시에
우리를 가두는 울이기도 하니까

이제 우리의 문을 엽니다

더 넓은 세상으로 나아가기 위해
더 많은 모두와 만나기 위해

우리에 모두를 더해 함께하는 일

우리 더하기 모두
다문화 TV

예컨대 줄글인 잡지나 신문 등의 인쇄 광고, 지하철 스크린 도어나 버스 정류장 등의 옥외 광고, 혹은 TV·케이블·소셜미디어의 영상 광고 등이 이에 해당한다. 하지만 이런 미디어를 확보할 수 없다면 카피의 분량을 줄여야 한다.

표에 들어간 'n초'는 타깃이 카피를 받아들일 때 소요되는 시간을 의미한다. 보통 10초 이상의 카피는 영상으로 만들고, 보다 짧은 카피는 포스터와 배너 등의 다양한 인쇄물로 만들어지곤 한다.

매니페스토 카피 15초 버전	매니페스토 카피 10초 버전
우리 집 우리나라 우리 민족 '우리'라는 말을 열어 더 넓은 세상에 나아가는 일 우리에 모두를 더해 함께하는 일 우리 더하기 모두 다문화TV	더 넓은 세상과 만나기 위해 우리의 TV를 넘어 모두의 TV로 우리 더하기 모두 다문화TV

2016 SBS 연중캠페인 함께 만드는 기쁨

누가 감히 혼자 했다고
말할 수 있는가

세상을 바꾼 발견엔
위인 한 사람만 있는 것이 아니다

위인을 길러낸 어머니가
끊임없는 자극이 된 라이벌이
터무니 없는 칭찬으로 용기를 준 친구가 있었다

선수의 신기록엔 선수만 있는 것이 아니다
그럴듯한 정책엔 정치가만 있는 것이 아니다

사소한 것부터 거대한 것까지
결국 '함께'가 만든 것

함께 만들 때
더 큰 기쁨이 우리를 기다린다

2016 SBS 캠페인
함께 만드는 기쁨

매니페스토 카피 5초 버전	매니페스토 카피 3초 버전
넓은 세상과 만나는 방법 우리 더하기 모두 다문화TV	우리를 열어 모두로 우리 더하기 모두 다문화TV

━ 내용 전달 카피

내용을 전달하는 카피는 분명히 알리고자 하는 바가 있을 때 쓰는 카피다. 실제 업무를 하다 보면 가치와 철학이나 스토리를 전달하는 이미지 소구 카피보다는 내용 전달 카피 작성 업무가 훨씬 많다. 전달해야 하는 내용의 종류에는 크게 세 가지 정도가 있다.

━ 제품·브랜드 장점

클라이언트가 고객과 대중에게 알리고 싶은 제품·브랜드의 장점이 한 가지인 경우는 극히 드물다. 모든 장점을 원하는 만큼 상세히 전달하기는 어려우니 가장 효율적인 선택을 해야만 한다.

넓은 범위의 타깃에게 소구해야 하는 장점은 많은 사람이 볼 미디어에 적합한 카피 내용이 된다. 예를 들어 제품의 패키지에 들어갈 카피나 타깃을 특정할 수 없는 TV·신문 광고 등의 카피 업무가 들어온다면 가장 대표적인 장점을 카피로 쓰는 것이 좋다. 그 외에는 미디어의 특성을 확인한 후 주로 이용할 타깃에게 설득하기 쉬운 장점을 골라 해당 매체의 분량에 맞게 카피를 적으면 된다.

**볶음밥 제품이 있다고 가정해보자. **볶음밥의 장점은 '간단함, 풍성한 맛, 균형 잡힌 영양' 세 가지다. 이 장점을 만들어낸 근거를 하나씩 살펴보자.

첫 번째는 '간단함'이다. 볶음밥을 한 번 볶아 동결건조해서 전자레인지에 5분만 돌려도 갓 볶은 고슬고슬한 볶음밥 맛을 즐길 수 있다. 두 번째는 '풍성한 맛'이다. 밥과 볶음밥 재료의 비율이 6:4로 건더기 자체가 풍성하며 볶음밥의 주재료들을 큼직하게 썰어 넣어서 재료 본연의 맛과 씹는 재미까지 살아있다. 세 번째는 '균형잡힌 영양'이다. 볶음밥 한 봉지로 한 끼에 필요한 영양을 골고루 섭취하도록 만들어서 균형 잡힌 식사로 좋다.

이 세 가지 장점은 모두 **볶음밥의 장점이지만 어떤 장점이 특정 상황에 놓인 타깃에게 소구할 때 특히나 효과적일지 쉽게 유추할 수 있을 것이다.

예를 들어 마트의 매대를 떠올려보자. 냉동식품 매대엔 **볶음밥 말고도 다양한 볶음밥들이 놓여있다. 각자의 장점을 패키지에 뽐내면서 다른 볶음밥보다 자신이 좋은 선택지라는 걸 어필하고 있을 것이다. 이때 **볶음밥의 세 가지 장점에서 여타 볶음밥을 제칠 만한 강력한 장점이 있다면 그게 바로 제품 패키지에 들어갈 특장점이 된다.

일단 '간단함'은 특장점이 될 수 없다. 다른 볶음밥들도 냉동식품 매대에 놓인 이상 모두 간단할 게 분명하니까 말이다. 그렇다면 '풍성한 맛'과 '균형 잡힌 영양'에서 특장점을 골라야 할 것이다. 우선 세세한 비교를 통해 시장에서 반응이 좋은 경쟁 제품의 강조 포인트를 확인해야 한다. 이후 우리 제품이 타사의 인기 제품을 넘어설 수 있는 장점이 있는지 확인하고 있다면 강하게 어필한다.

**볶음밥의 장점인 '풍성한 맛'을 강조하기 위해 밥과 재료의 비율이 6:4라는 것을 특장점으로 삼아 제품 패키지에 카피로 썼다. 하지만 타사의 볶음밥은 비율이 5:5라고 강조했다고 보자. 이렇게 되면 우리 제품의 재료 비율은(40%) 타사의 볶음밥(50%)과 비교해 상대적으로 적게 느껴진다. 그래도 풍성한 맛은 시장에서 어필하기 좋은 포인트다. 계속해서 이 포인트를 **볶음밥만의 특장점으로 강조하고 싶다면'밥과 게살의 비율이 6:4!→가로, 세로 1cm 이상, 큼직한 게살의 맛'으로 달리 표현해서 적으면 된다.

제품 패키지 카피는 소비자가 제품별로 비교하기 쉬워서 타사 제품과 차별화된 특장점을 카피로 쓸 때 가장 좋지만 다른 미디어에선 나머지 장점들을 상황과 타깃에 맞게 변형하는 것이 좋다.

예를 들어 인스타그램과 페이스북에 광고를 진행한다고 해보자. 소셜미디어 광고는 여타 미디어보다 편하게 타깃에 맞춘 광고를 보여줄 수 있어서 타깃이 관심을 가질 만한 제품의 장점을 카피로 쓰는 것이 좋다.

위 카피는 아이에게 먹거리를 챙겨줘야 하는 부모를 겨냥했다. '항상 배고프다는 말을 입에 달고 사는 아이가 있다'는 설정은 보통 어린아이를 키우는 집이나 소셜미디어를 통해 식품을 검색하고 구매하던 이를 타깃으로 해서다. 카피에서 강조하고 싶었던 제품의 장점은 '간단함'이다. 구체적으로 '전자레인지에 5분만 돌리면 볶음밥이 완성된다'는, 이 제품이 짧고 간단한 요리라는 매력 포인트를 타깃에게 어필하고 있다.

카피력

이 카피는 직장인이 타깃이다. 퇴근 후에 스스로 끼니를 챙겨 먹거나 온 가족의 끼니까지 챙겨야 한다면 요리 자체에 피곤을 느낄 것이다. 구체적인 상황에 대해 공감할 만한 포인트를 언급하고 제품의 맛을 묘사하며 볶음밥의 구성을 드러낸다. 우선적으로 삼고 있는 특장점은 '맛'이다.

소비자가 카피 속 상황에 몰입해 먹고 싶다고 느끼게 만든다. 먹방이 음식을 먹고 싶게 만드는 것처럼 음식의 맛을 묘사한 글을 보고 맛을 상상하는 과정에서 군침이 돌기도 한다. 소비자가 꼭 제품이 필요하다고, 꼭 먹어보고 싶다고 느끼도록 욕망을 자극해야 한다. 이를 위해 간접 경험을 선사해서 직접 경험을 이끌어 내는 것이다.

엄마 나 걱정 마, 나 진짜 잘 챙겨 먹어"
엄마한테 자랑하고 싶은 꽉 찬 영양. 풍성한 맛
5분 컷으로 완성되는 근사한 요리니까, 자취생의 쟁여템
***볶음밥

다음은 자취생을 겨냥한 카피다. 요리에 서툴러도 간단하게 만들어 먹을 수 있다고 강조하면서 엄마에게 "나 저녁에 이거 먹었어"라고 당당하게 말해도 될 만큼 영양과 구성도 알차다고 말한다. 카피에서 소구하고 있는 장점은 '영양가'라고 할 수 있다. 끼니를 걱정하는 부모와 연락하는 상황은 1인 가구의 생활 속 공감을 이끌어내기에 탁월하다. 건강을 챙길 수 있는 간편식임을 강조하면서 감성을 자극하는 것이다.

같은 제품이더라도 카피를 볼 타깃에 맞춰 카피는 다르게 쓴다. 구성을 다르게 변형한다는 말이 아니다. 타깃별로 관심 가질 만한 장점이 달라서 각기 다른 장점을 주제로 삼아 카피를 써야 한다는 얘기다. 이제는 타깃에 맞춘 장점을 고르고 타깃이 공감할 만한 상황을 설정한 후 그에 맞춰 다르게 쓰는 효과적인 카피라이팅을 해보자.

카피력

2022 플랫폼 나누기 브랜딩 및 길냥탄이 펀딩페이지 카피

프로젝트 계획   업데이트 1   커뮤니티 3   추천

(소개)   예산   일정   팀 소개   선물 설명   신뢰와 안전

자유로운 스트릿 출신 길고양이 탄이!

온 세상 모든 것에 관심이 많은 탄이는
가득 찬 호기심으로 여러 가지 사건 사고도 만들어내지만
동네 친구들의 고민 하나하나도 놓치지 않는 마음 따뜻한 해결사랍니다.

**매일 밤 늦게 집에 돌아가는 저 누나는
오늘따라 더 피곤해 보이네요?**

**길 건너편에 사는 치즈냥 친구는
여자친구가 생겼다네요?**

온 동네 구석구석을 돌아다니며 사람들과
친구들의 일상을 지켜보는 게

탄이의 하루 일과라고 하네요.

상세페이지 카피는
가장 대표적인 내용 전달 카피이다.
제품의 장점과 설명이 담겨
소비자들이 구매를 결정하는데
필요한 정보를 전달한다.

프로젝트 계획　업데이트 1　커뮤니티 3　추천

소개　　예산　　일정　　**팀 소개**　　선물 설명　　신뢰와 안전

길냥탄이

안녕하세요! 예비사회적기업 '(주)굿임팩트'는 2018년에 시작된
유기묘, 유기견들을 비롯한

여러 동물들의 평온한 삶을 위한

다양한 노력을 실행해나가고 있습니다.

유기 동물 역시 귀엽고 사랑스러운 존재라는 생각,
소중하게 아껴야 하는 생명이라는 공감을 더 많이 알리고 나누기 위해
다각도의 유기 동물 지원 프로젝트를 진행해 왔습니다.

✓ 31명이 선택

32,000원 +

배송비 포함

· 길냥탄이 얼굴 쿠션 (x 1)

✓ 19명이 선택

38,000원 +

세트1 / 배송비 포함

· 길냥탄이 얼굴 쿠션 (x 1)
· 길냥탄이 조각스티커 8종 (x 1)

✓ 13명이 선택

45,000원 +

세트2 / 배송비 포함

· 길냥탄이 얼굴 쿠션 (x 1)
· 길냥탄이 조각스티커 8종 (x 1)
· 길냥탄이 일러스트 엽서북 (x 1)

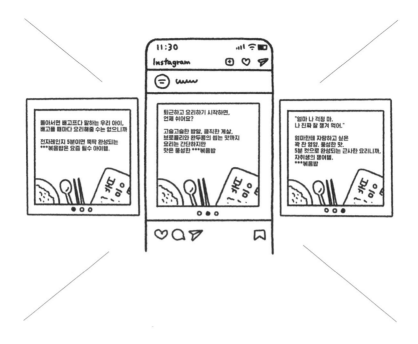

━ 제품·서비스 설명

제품이나 서비스를 출시하면 사용 방법에 대해 설명할 필요가 생긴다. 제품의 경우 패키지 자체에 사용 설명이 들어가거나 제품 및 서비스를 구매한 상세페이지에서 사용법을 설명한다. 소비자들은 설명 카피를 읽고 제품과 서비스를 이용하는 것이 어렵지 않겠다고 느껴야 구매를 한다. 복잡하고 어려운 내용이라도 단계마다 끊어서 꼼꼼하게 설명하면 이해가 쉬워진다. 이런 제품 설명 카피는 조립제품과 가공식품 등의 사용 설명서로 가장 많이 접할 수 있다.

2019 해피칼리지 홈페이지 카피라이팅 작업

당신이 어떤 내일을 기대하든
당신의 기대와 가까워질 수 있도록

**당신의 꿈을
당신의 커리어를
해피칼리지가 응원합니다**

상세페이지 카피는
눈에 보이는 제품을 설명하는 카피도
있지만 무형의 서비스가 무엇인지
설명하고 장점을 어필하는 카피도 있다.

WHAT
어떤 지식을 나눌 수 있나요?

—
직장생활에서 만든 문서가, 발표가, 프로그램이
당신의 모든 경험이
모두 당신의 지식이라는 것!

—
배우고, 놀고, 즐기며 익힌
줄이, 운동이, 취미가
당신만의 스킬이라는 것!

—
직접 **공부하고, 부딪치고, 경험하며** 배운
영어가, 자격증이, 인문학이
누군가에겐 꿀팁이 된다는 것!

어떤 지식이든
요즘 사람들에게 필요한
모든 지식을 나눌 수 있습니다

나는 얼마 전 기능성 앰플을 구매했다. 꽤 고가의 제품이었는데 생각보다 사용 방법이 복잡했다. 앰플은 앰플의 베이스가 되는 1제와 앰플의 효과를 만들어내는 2제로 구성되어 있었다. 1제가 담긴 작은 병에 정해진 용량만큼 2제를 넣은 후 흔들면 거품이 일어나며 앰플이 완성된다.

앰플에서 내 눈에 띈 사용 설명 카피는 크게 두 가지다. '1, 2제가 섞인 완성형 앰플을 팔지 않는 이유는 2제에 들어있는 효능 성분이 3~4일 안에 쉽게 산화돼서 주기적으로 만들어 쓰는 게 효과를 극대화할 수 있다는 것', '1—2제를 합친 완성형 앰플의 양이 늘어나는 게 아니라 혼합하고 난 후 병에 담겨있었던 기존 1제의 양으로 그대로 유지된다는 것'이다. 두 가지 설명에서 앰플을 만든 회사가 설명 카피를 쓰기 위해 얼마나 다각도로 고민했는지 느낄 수 있었다.

소비자 입장에서 느낄 만한 불만이나 궁금증을 파악하고 제품 설명에 적는다면 소비자는 쉽게 제품의 사용법을 이해하는 것은 물론이고, 제품을 긍정적으로 평가하게 된다. 제품을 사용하는 방법을 차근차근 설명하는 것과 제품을 쉽게 사용하게 만드는 것은 기본이다. 이에 더해 제품이 아주 섬세하게 만들어졌다는좋은 인상을 남기기까지 한다.

가공식품의 레시피도 마찬가지다. 자신만의 요리법을 갖고 있는 고수라면 제품 패키지에 적힌 레시피를 읽지 않을 것이다. 오히려 본인이 가진 기준으로 재료·용량·온도 등을 설정해 특별하게 요리하고 싶을지도 모른다. 레시피는 애초에 해당 요리가 생소한 사람이나 요리 과정 자체가 어려운 사람들을 위한 것이다. '이런 것까지 단계를 나눠서 알려줘야 해?' 수준으로 누구나 쉽게 따라 할 수 있는 레시피를 제공해야 한다.

전복죽 밀키트를 산 적이 있다. 제품 패키지에 적힌 레시피가 참 섬세하다는 생각이 들었다. 제품 주문 단계부터 어떤 요리 도구를 사용하는지에 따라서 각각 다른 레시피를 받을 수 있는 선택지를 줬기 때문이다. 도구마다 요리에 변수가 생긴다는 걸 감으로나마 알고 있는 사람도 있지만, 요리가 어려운 사람들은 압력솥을 사용하는 레시피를 일반 냄비에 어떻게 대입해야 하는지 알지 못한다. 애초에 그걸 적용할 수 있는 능력이 있었다면 제조사가 제공하는 레시피 자체가 필요 없을지도 모른다.

제품 설명 카피는 쉽고 상세하게 쓰는 것이 좋다는 걸 알아도 대체 얼마나 쉬워야 하는 건지 얼마나 상세하게 써야 하는 것인지 감이 오지 않을 수 있다. 레시피에서 가장 지양되어야 하는 단어를 몇 가지 고르자면, '적당히', '각종', '충분히' 같은 단어들이다.

'적당한' 분량의 '각종' 채소들을 곁들여 끓이세요.
'충분히' 끓었다고 생각되면 불을 끄고 드시면 됩니다.

적당한 분량은 대체 얼마큼이고 각종 채소들은 어떤 채소일까? 충분히 끓었다는 건 얼마나 보글보글 끓었다는 건가. 사람마다 다르게 해석될 여지가 있는 이 모호한 설명은 누군가에게는 아무 설명도 되지 않는 것과 마찬가지다.

다음 페이지 설명 카피가 요리가 어려운 소비자 눈높이에 맞춘 레시피다. 만약 다소 분량이 긴 레시피를 넣을 자리가 제품 패키지에 없다면 설명 카피를 넣은 자리로 소비자들을 안내하는 것이 좋다.

예를 들어 제품 패키지에 간략한 레시피만 적은 후 보다 쉬운 레시피와 다양한 활용 레시피를 확인하고 싶다면 해당 제품·브랜드의 소셜미디어나 제품을 구매한 상세페이지로 유도하는 것이다.

제품 설명 카피를 쓰는 데 있어 제품을 만든 클라이언트보다 제

동봉된 무, 양파, 파, 마늘 외에 야채를 더 첨가하고 싶다면, '알배추, 미나리, 쑥갓, 콩나물, 깻잎' 중에 좋아하는 야채를 골라 '종이컵 한 컵 분량'만큼 더 넣어주세요. 너무 많은 야채를 넣으면 국물이 싱거워질 수 있답니다. 재료를 다 넣은 후 '끓어오르기 시작한 시점부터 딱 3분 정도만' 더 끓이면 완성됩니다.

품이 비교적 생소한 카피라이터가 유리하다고 생각한다. 소비자의 눈높이에 맞춰 카피를 쓰기 위해선 제품을 잘 알지 못하는 사람 입장에서의 접근이 필요하니까 말이다.

━ 행사·이벤트 고지

제품·브랜드의 행사 및 이벤트 내용을 고지하고 참여 방법을 설명하기 위한 카피에는 꼭 기억해야 할 세 가지가 있다. 시선과 마음을 사로잡아야 하고, 읽기 좋아야 하며, 기억에 잘 남아야 한다는 것이다. 행사와 이벤트 카피가 이런 요건을 채워야 하는 이유는 소비

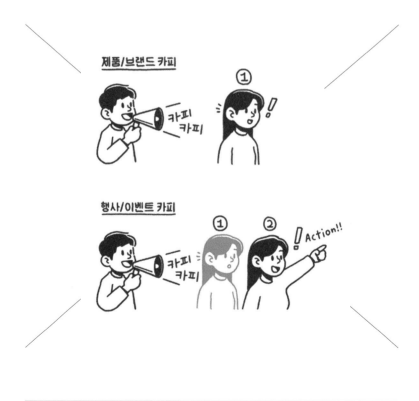

카피력

자의 참여를 이끌어내야 하기 때문이다. 일반적 카피들은 대개 일방향이다. 제품·브랜드·기업이 하고 싶은 얘기를 소비자에게 일방적으로 전달하는 것이다. 행사·이벤트 카피는 역할과 방향이 하나 더 늘어난다. 소비자의 이해를 돕고 참여하고 싶게 만들고, 참여할 수 있도록 안내해야 하기 때문이다.

① 소비자의 시선과 마음을 사로잡는 행사·이벤트 카피를 쓰기 위해서 먼저 소비자의 관심이 갈만한 내용을 보여줘야 한다.

여기서 소비자에게 알려줘야 하는 내용은 크게 두 가지가 있다. 첫 번째는 참여 방법이고 두 번째는 베네핏으로 행사·이벤트에 참여했을 때 소비자가 얻는 이득이다. 보통 행사·이벤트 카피를 쓰다 보면 어쩔 수 없이 쓰는 이의 마음과 생각이 드러날 수밖에 없어서 쓰는 이도 모르게 참여 방법을 먼저 얘기하거나 강조하게 된다.

후기를 남겨주시는 모든 분들께, 별다방 아메리카노를 드립니다.
참여 방법   베네핏

하지만 소비자들을 참여 방법보다 베네핏에 더 관심이 크다. 참여가 쉽다고 베네핏에 관심을 가지는 게 아니다. 베네핏이 마음에 들때 참여 방법에 대해 알아보는 것이 소비자니까 그에 맞게 카피를 쓰는 것이 좋다.

별다방 아메리카노 공짜로 마시는 방법, 후기 한 줄이면 끝!
　　베네핏　　　　　　　　　　　　참여 방법

직접 디자인을 할 수 있다면 폰트의 크기나 색 등을 조절해서 베네핏을 더 강조하는 것도 좋은 방법이다. 소비자의 시선과 마음을 사로잡는 이벤트 카피가 되려면 소비자의 직접적인 관심사인 베네핏을 강조해 참여에 대한 의지를 끌어올려야 한다. 기본적으로는 베네핏 자체가 소비자를 설득할 수 있을 만큼 매력이 있어야겠지만 말이다.

② 읽기 좋은 행사·이벤트 카피를 쓰려면 두 가지 요건이 충족되어야 한다.

첫 번째로 내용 자체가 쉬워야 한다. 같은 내용이라도 쉽게 설명해, 읽기에 좋은 행사·이벤트의 참여도가 높은 건 당연한 일이다. 카피를 쓰면서 참여의 내용과 순서 자체가 어렵다고 느껴지면 행사·이벤트 기획자와 수정을 논의해보는 편이 좋다. 거기에 문단을 읽기 편하게 나눠 쓰거나 최대한 글자 수를 줄여 빨리 읽어내도록 하는 게 읽기 좋은 카피를 만들기 위한 최소한의 노력이다.

예를 들어 걸음 수만큼 기부하는 행사·이벤트를 기획했다고 가정해보자. 위의 ①에 맞춰서 '돈 한 푼 들지 않는 세상 쉬운 기부, 걸음을 기부해요'라는 베네핏이 분명한 메인 카피를 작성했다. 행사·이벤트 카피에 관심이 생긴 소비자는 행사에 참여하고자 자세한 설명을 확인할 것이다.

행사 참여 과정은 앱을 다운로드하고 실행한 후 가입한다. 앱을 사용하지 않을 때도 항상 추적을 허용하는 것으로 설정을 해두고 앱 상단에 있는 걸음 기부 버튼을 누르면 그때부터 걸음 기부가 시작된다. 이 내용을 아래와 같은 카피로 정리했다.

앱을 다운받아 실행한 후 가입을 해주세요. 상단에 위치한 파란색 걸음 기부 버튼을 누르면 그때부터 걸음 기부가 시작됩니다. 많이 걸어주세요. 당신의 한 걸음, 한 걸음으로 모아진 마음은 어린이들의 희망이 될 거예요.

*앱을 사용하지 않을 때도 항상 추적을 허용하는 것으로 설정해두셔야 앱을 실행하지 않은 순간에도 기부가 됩니다.

이 카피를 일부는 줄이고 줄바꿈을 해서 문맥상 읽는 흐름이 좋게 바꿔본다면 아래와 같다.

앱을 다운받고, 가입한 후
상단에 위치한 파란색 걸음 기부 버튼을 누르면, 그때부터 걸음 기부 시작!
많이 걸어주세요.
당신의 한 걸음, 한 걸음으로 모아진 마음은 어린이들의 희망이 될 거예요.

*앱을 사용하지 않을 때도 항상 추적을 허용하는 것으로 설정해두셔야 앱을 실행하지 않은 순간에도 기부가 됩니다.

읽기 쉽게 만드는 건 별로 어렵지 않다. 다만 업무 상황에서 갖가지 이유로 읽기 불편한 행사·이벤트 카피가 선정될 때가 있다. 이는 디자인 요소와 카피가 어우러지는 과정에서 생기는 문제다.

앱을 다운받아 실행한 후 가입을 해주세요. 상단에 위치한 파란색 걸음 기부 버튼을 누르면 그때부터 걸음 기부가 시작됩니다. 많이 걸어주세요. 당신의 한 걸음, 한 걸음으로 모아진 마음은 어린이들의 희망이 될 거예요.

*앱을 사용하지 않을 때도 항상 추적을 허용하는 것으로 설정해두셔야 앱을 실행하지 않은 순간에도 기부가 됩니다.

카피 우측에 상단 이미지를 넣고자 카피를 좌측으로 정렬하고 문단을 나눠야 하는 상황이라면 카피는 위와 같이 정리된다. 여기서 가장 소비자를 불편하게 만드는 문장은 파란색 걸음 기부 버튼을 / 눌러주면, 으로 처리해놓은 문장이다. 한 호흡으로 읽어야 하는 문장들이 끊기게 되었다. 문장이 끊기면 이해도가 현저히 떨어진다.

문장이 이해되지 않은 소비자는 카피를 스쳐 지나가고 만다. 여러 번 읽어 카피를 이해하려고 노력하는 소비자는 거의 없다. 소비자는 이해가 되지 않으면 이해하지 않는다. 카피 내용에 전혀 관심이 없는 소비자가 스치듯 읽어도 이해할 수 있는 카피로 만드는 게 카피라이터의 역할이다.

③ 기억에 잘 남는 행사·이벤트 카피는 네임·타이틀이 있어야 한다.

행사·이벤트 고지에 대한 피드나 카피를 읽은 소비자가 즉시 행사에 참여하지 않고 나중에 참여한다고 해보자. 막상 참여하려 할 때 행사·이벤트가 어떤 브랜드에서 뭘 하는 것이었는지 기억이 안 나서 참여에 어려움이 생길 수 있다. 또는 행사·이벤트 내용을 확인하고 바로 참여했는데 이벤트 명을 까먹고 당첨 여부 등을 확인하지 못하는 상황이 생기기도 한다.

우리가 이용하는 소셜미디어에는 많은 행사·이벤트 콘텐츠가 있다. 세일, 쿠폰 증정, 사은품, 경품 당첨, 기부 등 다양한 베네핏으로 소비자들에게 제품·브랜드·기업을 알리고 있다. 그들의 행사·이벤트가 소비자의 기억에 남으려면 행사 내용을 유추할 수 있으면서 동시에 브랜드의 색채가 드러나는 타이틀이 있는 것이 좋다.

2021 LG gram X Peaches 이벤트 명 및 컨셉 슬로건 작업

LG노트북 gram이 peaches에서 진행한 팝업.
차를 튜닝하는 peaches의 컨셉에 더 잘 맞는 이벤트를 기획, 이벤트의 컨셉을 더 잘 살릴 수 있는 컨셉 슬로건 "Pit stop to gear up!"과 이벤트 명 "gram Tuning Station"을 작성했다.

소비자의 시선이 이동하면
카피도 변한다

— 미디어에 따라 구분하는 카피

카피를 구분하는 방법을 사례와 함께 언급해왔다. 하지만 지금까지의 분류 방법은 철저히 카피를 만드는 사람 위주의 구분 방법이다. 어쩌면 클라이언트와 제작자의 분류법이 아닌 모든 콘텐츠의 타깃인 소비자의 분류법이 가장 중요할지도 모른다. 소비자가 어떻게 제품을 보고 구매하는지 그들의 시선을 따라가 보자.

▬ 소비자 구매 동선 1단계 : 인지

몰랐던 제품이나 새로운 제품군에 대해 인지하는 상황을 떠올

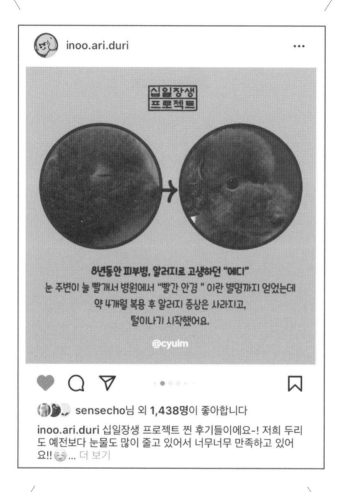

inoo.ari.duri

십일장생 프로젝트

8년동안 피부병, 알러지로 고생하던 "에디"
눈 주변이 늘 빨개서 병원에서 "빨간 안경" 이란 별명까지 얻었는데
약 4개월 복용 후 알러지 증상은 사라지고,
털이나기 시작했어요.

@cyulm

sensecho님 외 **1,438명**이 좋아합니다

inoo.ari.duri 십일장생 프로젝트 찐 후기들이에요-! 저희 두리
도 예전보다 눈물도 많이 줄고 있어서 너무너무 만족하고 있어
요!! 😥... 더 보기

려보자. 반려견을 키우는 소비자 A는 출근하는 버스 안에서 평소처럼 인스타그램을 넘겨보다가 한 피드에서 손가락이 멈췄다. 알레르기가 심해 틈만 나면 발을 핥고 몸을 심하게 긁던 강아지의 알레르기가 개선된 전후 사진을 피드에서 본 것이다. 평소 반려견의 피부 알레르기로 고민하던 A는 피드 내용을 좀 더 자세히 읽기 시작했다.

자신이 키우던 반려견의 피부 질환을 오래도록 고민해왔던 한 식물학 교수가 직접 영양제를 개발했다. 항염·항산화 효과가 있는 식물들을 발효해서 만든 영양제로 알레르기를 유발하는 염증 제거에 탁월하다. 뛰어난 항산화 효과는 노화를 막아주기 때문에 제품명은 '십일장생 프로젝트', 일명 '장수가루'라고 불리는 영양제이다.

피드를 읽은 소비자 A는 자신의 반려견에게 '장수가루'를 사주고 싶다는 생각이 들었다. 하지만 A는 회사 앞 정류장에 도착했고, 물건을 구매하지 못한 채 스마트폰을 가방에 넣고 회사로 향했다.

소비자 A는 이 피드를 보고 나서 그전엔 알지 못했던 '십일장생 프로젝트'라는 제품에 대해 알게 되었다. 하지만 소비자가 제품을 알게 되고 관심이 생겨 사고 싶다 느껴도 바로 구매로 이어지긴 어렵다. 소비자가 제품에 대해 인지하게 된 상황이 제품을 바로 구매하기 어려운 상태일지도 모르기 때문이다.

그래서 제품에 대해 몰랐던 소비자가 제품을 인지하게 하는 콘텐츠 역할은 분명하다. 소비자에게 '제품이 필요하다, 굉장히 매력적인 제품이다'라는 것을 분명하게 전달하며, 그 제품이 다른 제품이 아닌 오직, 해당 제품이라고 기억할 수 있도록 하는 것이다.

간혹 제품의 장점과 필요성에 대해서는 분명하게 전달했으나 그 제품이 해당 제품이라는 것을 정확하게 전달하지 못할 때도 있다. 예시에서 소비자 A가 항산화 영양제를 반려견에게 먹이면 알레르기가 완화될 수 있다는 걸 '분명하게' 알았다고 해보자. 소비자는 지금이 아니더라도 언젠가 항산화 영양제를 구매해야겠다고 결심했지만, 제품의 이름을 '정확하게' 기억하지 못한다면 타사의 항산화 영양제를 사게 될지도 모른다.

━ 소비자 구매 동선 2단계 : 검색

인지 단계를 통해 제품에 관심이 생긴 소비자는 여러 미디어에 제품을 검색하게 된다. 검색은 이 시대의 필수 요건이므로 제품은 검색하기 쉬워야 하며, 검색했을 땐 제품을 만든 이가 의도한 내용으로 이어져야 한다. 이를 위해 카피라이터는 검색하기 쉬운 제품명과 키워드를 고민할 필요가 있고, 검색의 결과인 제품 카피를 잘 정리해야만 한다.

인지 단계의 콘텐츠가 자신의 역할을 충실히 해서 제품을 검색하게 만든다면 소비자가 제품을 사게 될 확률은 올라간다. 제품을 기억하게 하려면 제품명 자체가 쉽고 기억에 잘 남아야 한다. 하지만 너무 쉬워서 다른 일반적인 제품들과 비교했을 때 변별력이 떨어진다면 검색 결과에 내 제품이 나오지 않을 수도 있다. 원하는 대로 제품의 검색 결과가 나오기 어려워 보인다면 제품명 이외의 키워드를 인지 콘텐츠 안에서 함께 소구하는 편이 낫다.

소비자가 제품명·브랜드명·키워드를 분명하게 검색하지 않고 제품군을 검색한다면 카피라이터 입장에서 굉장히 반성해야 하는 위험한 상황이라 할 수 있다. (십일장생프로젝트(제품명)나 장수가루(펫네임)를 검색하지 않고, 반려동물 항산화 영양제(제품군)를 검색하는 상황) 제품을 검색한 소비자가 비교를 통해 가격이나 제품 면에서 경쟁력이 뛰어난 타사의 제품을 선택할 수도 있기 때문이다.

예를 들어 소비자 A가 제품에 대해 검색을 한다고 해보자. A가 검색을 결정한 이유는 제품에 대해 더 알아보거나 제품을 구매하기 위해서다. 어떠한 이유든 상관없다. 구매를 위한 검색이 아니더라도 제품에 대해 알아보는 과정에서 구매를 결정할지도 모른다. 제품을 노출하고자 돈을 지불해 광고를 태워야 하는 상황이 아닌 소비자 스스로 제품을 찾아보게 한 것은 괄목할 만한 성과다.

━ 소비자 구매 동선 3단계 : 검증

소비자가 일단 검색을 했다면 두 가지 행동이 가능해진다. 제품을 바로 구매하러 간다. 하지만 인지와 검색 단계 이후에 구매 행동이 바로 이어질 확률은 매우 적다. 대부분의 소비자들은 제품에 대해 더 알아보는 행동인 검증을 진행한다. 검증은 소비자가 인지 단계의 콘텐츠를 통해 알게 된 제품에 대해 더욱 자세히 확인하는 과정이다.

소비자 A가 출근길에 '십일장생 프로젝트', 일명 '장수가루'에 매력을 느낀 이유는 피부 질환을 앓고 있는 자신의 반려견과 유사한 증상을 가진 강아지들의 피부가 개선되었다는 후기를 봤기 때문이다. 이후 인지 콘텐츠에서 나온 후기가 사실인지, 콘텐츠에 등장한 강아지만 누린 특별한 경험인지 확인하는 과정을 거치게 된다.

여기서 검증을 위해 보게 될 후기는 크게 둘로 나뉜다. 첫 번째는 판매자의 의도로 제작된 후기다. 두 번째는 제품을 사용한 구매자가 작성한 후기다.

판매자는 소비자가 구매를 위해 후기를 검색하는 걸 알고 있어서 제품 출시 전후로 인플루언서에게 제품을 사용하고 후기를 남기게 하는 광고 리뷰 콘텐츠를 제작하거나, 이벤트를 통해 제품을 배포하여 많은 이들이 제품 사용 후기를 남기도록 한다. 이렇게 작성된 후기는 판매자가 내용을 컨트롤해야 하기에 제품의 매력과 장점을 잘 드러낼 수 있도록 내용에 대한 가이드를 잘 정리해서 이벤트 참여자에게 제공하는 것이 중요하다.

지나치게 가이드대로 복사 및 붙여넣기를 한 인상을 주는 후기들은 소비자에게 불신감을 준다. 우리는 종종 토시 하나 다르지 않은 똑같은 문장들이 후기마다 들어가 있는 경우를 발견하곤 한다. 이렇게 가짜로 만들어진 듯한 후기, 동일한 문장들을 보다 보면 해당 제품에 대한 신뢰를 잃게 된다. 우리는 기억해야 한다. 후기 콘텐츠는 가이드가 주어지더라도, 경험을 통해 나온 구체적이며 진솔한 내용이 더해져야만한다. 경험에 근거해야 하기 때문에 다른 사람의 다른 후기라면 같은 감상을 지닌 같은 문장이 될 수 없다.

검증 콘텐츠 중 오가닉 마케팅(고객이 나서서 직접 입소문을 내며 소비를 촉진하는 마케팅) 후기들은 판매자가 컨트롤할 수 없는 영역이지만 평소 판매자의 의도가 담긴 검증 콘텐츠들이 잘 축적되어 있다면 오가닉한 후기 역시 유사한 결로 작성될 확률이 높다. 우리는 개별적으로 감각하고 경험하지만 다른 사람들의 경험과 감상에 깊은 영향을 받는다.

잘 발효된 어떤 빵에서 수박 향이 난다고 하면 사람들은 수박 향을 맡기 위해 집중한다. 몇몇 사람은 '나는 수박 향이 나지 않는데?'라고 말할 수 있으나 제시한 향은 일종의 '기준점'이 되어준다. 판매자가 검증 콘텐츠 내용 안에 특정 키워드가 드러나도록 지속적인 의도를 갖고 제작해나간다면 소비자가 제품을 경험하는 기준점이 생기기 마련이다. 또한 오가닉한 후기에도 해당 내용이 담길 것이다.

소비자들은 제품의 가격이 높거나 먹거리일 때, 내가 직접 쓰는 게 아니라 아이나 반려견처럼 가족이 사용하는 것이라면 더 꼼꼼히 검증 콘텐츠를 살펴본다. 내 제품이 이런 제품군 안에 속해 있다면 보다 촘촘한 짜임새로 검증 콘텐츠를 설계하고 제작해야 한다.

━ 소비자 구매 동선 4단계 : 확증

검증 콘텐츠를 통해 제품 구매 욕구가 더욱 강해진 소비자는 그제야 판매자가 제작한 마지막 단계의 콘텐츠를 보며 구매를 결정한다. 검증으로 확실해진 구매 의지를 공고히 하는 단계로 '나 이거 확실히 필요해! 꼭 사야겠어!'라고 하며 결정짓게 만드는 게 확증 단계의 콘텐츠인 것이다.

이 단계의 콘텐츠는 제품을 장바구니에 담거나 장바구니를 생략한 채로 바로 구매 버튼을 누를 수 있는 상세페이지일 확률이 높다. 상세페이지의 위치는 내 브랜드의 제품을 판매하는 자사몰이거나 여러 브랜드의 제품을 모아 놓은 타사의 커머스일 것이다.

상세페이지의 내용들은 판매자가 제품에 대해 전하고 싶은 모든 내용이 담길 수 있어 무한히 길어질 위험성이 존재한다. 그래서 자사몰의 상세페이지는 소비자 입장에서 불필요한 내용과 긴 분량으로 지루한 경우가 많다. 커머스의 상세페이지도 가이드와 분량이 따로 주어지지 않는다면 지나치게 길어 따분해지기도 한다.

어떤 제품에 관심이 생겨서(인지) 제품명이나 키워드를 검색해(검색) 여러 정보를 읽어보니 제품을 사야겠다는 확신이 들어(검증) 마침내 커머스에 접속했으나(확증)! 상세페이지를 읽다 지쳐 구매를 포기하는 상황을 누구나 겪어봤을 것이다.

소비자를 제품 구매 단계까지 이끌고 왔는데 상세페이지가 엉망이라 소비자를 놓쳐버린다면 이 얼마나 안타까운 상황인가. 이런 비극을 경험하지 않으려면 소비자의 구매 동선을 다시 한번 되짚어보며 상세페이지 카피를 어떻게 쓰는 것이 좋을지 생각해봐야 한다.

판매자가 인지부터 검증까지 철저한 마케팅과 카피 전략을 통해 콘텐츠를 제작해왔다면 확증 콘텐츠가 전략에 근거한 끝맺음이 될 수 있도록 지금까지 어떤 부분을 소비자에게 매력으로 어필해왔는지를 살펴봐야 할 것이다.

소비자 A는 다양한 리뷰로 '장수 가루'가 반려견 피부 개선에 확실한 효과가 있다는 걸 확인했다. 영양제 주원료인 식물 발효 성분이 피부 개선은 물론 반려견의 장수를 돕기 때문이다. 한 가지 의문이 드는 건 약효가 드는 상세한 과정이었다. 그래서 제품을 구매할 수 있는 '십일장생 프로젝트'의 공식 판매처에 들어가 상세페이지 내용을 읽기 시작했다.

이 제품을 이루고 있는 식물 발효 성분은 항노화·항산화에 탁월한 제품이다. 항산화라는 것은 세포의 산화, 즉 노화를 막는 것인데 세포가 산화되지 않도록 면역력을 높이고 염증을 유발하는 성분도 없애는 것이다. 이때 생겨난 항염 효과로 인해 피부의 염증은 사라진다. 피부가 좋아지면 가렵지 않아 긁지 않고, 잠을 푹 자서 더욱 건강해질 수 있는 것이다.

상세페이지를 읽고 마침내 '장수 가루'를 구매한 소비자 A는 반려견을 키우는 다른 친구에게 제품을 제대로 설명해 추천하고 싶어서 항산화 효과에 대해 다시 한 번 읽어보기로 결심한다. 상세페이지를 위아래로 이동하면서 효과에 대해 찾았다. 해시태그 덕분에 해당

우리 강아지 더 오래 살도록!

반려동물용 항산화 영양제
십일장생 프로젝트
#장수가루
#100% 식물성 원료 #특별한 발효 기술
#항산화효과 #면역력 개선
#피부 개선 #기호성

제품의 장점을 목차처럼
해시태그로 정리.

노화를 막아요

세포가 노화되는 것은, 세포가 산화되는 것을 의미하기 때문에 산화반응을 일으키는 활성산소를 해가 없는 물질로 바꿔주는 항산화 물질을 섭취한다면 노화를 막거나 늦출 수 있답니다.

십일장생 프로젝트에는 여러 항산화 물질들이 다량 함유되어 있어 장수에 큰 도움이 됩니다.

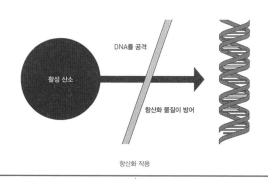

DNA를 공격

활성 산소

항산화 물질이 방어

항산화 작용

제품의 장점을 쉽게 확인하도록
키워드를 해시태그화.

내용을 쉽게 발견하고 제목으로 정보를 다시금 인지했다. 한눈에 들어오는 그림으로 어려운 부분을 금방 이해할 수 있었다. 본 내용을 토대로 친구에게 잘 설명할 일만 남았다.

소비자는 다양한 단계를 거쳐 제품을 구매한다. 소비자의 구매 동선이 이렇게 여러 단계로 나뉘게 된 것은 소비자의 구매 환경이 오프라인에서 온라인으로 변해왔기 때문이다.

과거 소비자의 구매를 위한 동선은 지금 소비자보다 훨씬 짧고 간단했다. 따로 검색의 행위를 거칠 필요 없으니 검증하거나 확증하는 콘텐츠도 불필요했다. 오늘의 소비자는 그에 비해 매우 바쁘다. 직접 보고 사지 않는 디지털 환경으로 구매 환경이 변화되었기 때문에 해당 제품을 먼저 사용한 다른 사용자의 리뷰를 검색해봐야 한다. 또한 직원의 설명을 대신하는 상세페이지를 읽으며 제품의 자세한 사항을 확인하는 것이다.

카피라이터 입장에서도 구매 환경과 동선이 바뀜에 따라 써야 하는 카피가 많이 달라졌다. 지금의 상세페이지 카피는 과거의 카탈로그 카피나 고객 응대를 위한 직원 교육용 매뉴얼 카피와 유사하다. 이제 매장에 와서 카탈로그를 받아 가거나 직원의 설명을 듣는 소비자가 많지 않다 보니 그 내용이 상세페이지에 담기게 된 것이다.

그렇다고 카탈로그 카피나 매뉴얼 카피가 사라진 건 아니다. 모두 남아있다. 그러다 보니 카피라이터는 더욱 다양한 환경에 놓인 소비자 유형을 타깃으로 한 다양한 콘텐츠의 카피를 써야 하는 상황이다.

카피라이터는 내가 쓰는 카피가 어떤 단계에 놓여 있고, 소비자가 어떤 구매 과정에서 카피를 보게 되는지 고민해야 한다. 단계별 과정에서 카피가 가진 분명한 역할과 목적을 짚어내지 못한다면 카피는 방향을 잃고 잘못된 길로 가게 될지 모른다.

콘텐츠 단계	콘텐츠 종류	디지털 환경 이전 콘텐츠
인지	4대 매체 및 소셜미디어 광고, 배너, 자사의 소셜미디어 계정 등	4대 매체 광고
검색	검색 포털 및 소셜미디어 검색	
검증	블로그 리뷰, 인스타그램·유튜브 등 소셜미디어 리뷰, 카드뉴스 등 리뷰 모음 콘텐츠, 정보성 콘텐츠 등	오프라인 매장 내외 카탈로그 포스터, 배너 매장 직원 및 방문판매 직원 상담
확증	상세페이지(자사몰 또는 타사 커머스), 카탈로그 등	

단계별 콘텐츠의 분류

LG홈브루 캠페인 작업

캠페인 컨셉 카피

인스타그램 피드에서 캠페인 포스터를,
웹에서 배너 광고를, 유튜브에서 영상 광고를 보고
LG홈브루에 대해 인지한 소비자들은
검색을 통해 LG홈브루 관련 후기 및 콘텐츠들을
접하게 되고, 공식 홈페이지나 매장에서 제품을
구매한다. 그리고 사용법 영상을 보며 제품을
사용하게 될 것이다. <인지-검색-검증-확증>등
소비자의 행동 접점에 콘텐츠가 필요하고
그 콘텐츠를 만들기 위해 카피라이터들은
컨셉을 잡고, 아이디어를 내며, 카피를 쓴다.

웹 배너 카피

 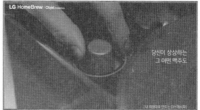

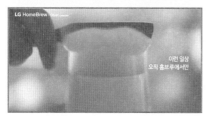 

영상광고 카피

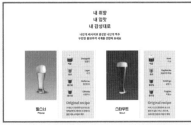

홈페이지 카피

사용법 영상 카피

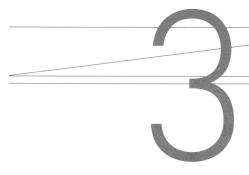

알아두면 힘이 되는
카피 용어

| 업무에서 사용하는 카피 용어 알아보기 |

　클라이언트는 다양한 상황에서 카피의 필요성을 느끼고 카피라이터에게 의뢰할 것이다. 대부분 어떤 카피를 필요로 하는지 정확한 용어를 통해 카피를 의뢰하지만 그러지 못해 소통에 혼선이 생기는 경우도 있다. 이때 카피라이터는 내가 써야 하는 카피가 무엇인지 정확히 파악하기 위해 예시 카피를 들면서 카피 용어를 클라이언트가 숙지하도록 도와야 한다. 어떤 카피가 필요한지 확실히 합의한 이후 카피를 쓰는 게 카피라이팅 작성 효율을 올리는 방법일 것이다.

━ 메인 카피, 리드 카피, 서브 카피

메인 카피는 전체 카피에서 콘텐츠의 주제를 드러내는 가장 중요한 한 줄을 의미한다. 다른 카피들은 메인 카피를 설명하거나 보충해주고자 존재하는 형태다. 메인 카피를 키 카피라 부르기도 한다.

메인 카피를 뒷받침하기 위해 쓰는 카피들을 알아보자. 크게는 리드 카피와 서브 카피가 있다. 리드 카피는 메인 카피가 주목을 받으며 등장할 수 있도록 분위기나 상황을 리드하는 카피다.

뭐? 이제 유럽 안 가도 된다고?
한국에서 즐기는 납작복숭아, 대극천

'대극천'이라는 새로운 종류의 복숭아를 판매하기 위해 위와 같은 카피를 썼다고 해보자. '한국에서 즐기는 납작복숭아, 대극천'이 콘텐츠의 주제가 되는 메인 카피라면 메인 카피가 자연스럽게 등장하는 상황으로 이끌어주는 '뭐? 이제 유럽 안 가도 된다고?'가 리드 카피인 것이다.

이렇게 메인 카피 앞에 위치해 메인 카피의 등장을 리드하는 것
이 리드 카피의 역할이라면 서브 카피는 메인 카피 뒤에서 메인 카
피로 다 표현하지 못한 내용을 보충해서 설명해주는 역할을 한다.
서브 카피와 리드 카피 중 보다 중요한 내용을 다루는 건 서브 카피
다. 리드 카피는 카피를 적을 공간이 없다면 언제든 뺄 수 있지만, 서
브 카피는 메인 카피에 더해져 내용 자체를 설명하고 있어 중요도가
높다.

한국에서 즐기는 납작복숭아, 대극천
가장 달 때, 가장 저렴하게
절정의 당도를 즐기세요

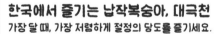

2017-2019 이마트 행사 네이밍 및 광고 카피 작업

인쇄광고에서 가장 먼저 보이는 카피가
헤드카피이다.
"새로운 가전으로 새로운 능력을!"
"가격이 파격이다" 등이 헤드카피인
것이다.
이 헤드카피들의 내용을 보충하는
"공부력/청정력"
"수박이 대박이다" 등이 서브카피다.

'한국에서 즐기는 납작복숭아, 대극천'이 메인 카피고 '가장 달 때, 가장 저렴하게 절정의 당도를 즐기세요'라는 부분이 서브 카피다. 메인 카피가 대극천을 설명하는 역할을 한다면 서브 카피는 대극천을 저렴하게 살 수 있다는 내용을 전하고 있다.

대중에게 생소한 대극천을 알리는 게 우선되어야 하는 목적이 있어 대극천을 설명하는 카피가 메인 카피가 되었다. 하지만 많은 사람들이 대극천에 대해 알게 되었다면 새로운 복숭아의 소개가 아닌, 행사 내용 자체를 전달하는 게 중요해진다. 따라서 아래와 같이 메인 카피와 서브 카피의 내용이 바뀌게 된다.

대극천! 가장 달 때, 가장 저렴하게 만나는 법
절정의 당도를 자랑하는 한국산 납작복숭아를 즐기세요

━ 헤드 카피, 보디 카피, 스펙 카피

헤드 카피와 보디 카피는 보통 인쇄용 카피에서 주로 사용되는 용어다. 헤드 카피는 카피의 제목, 보디 카피는 제목에 대한 내용을 말한다. 스펙 카피는 해당 제품·브랜드에 대한 자세한 설명을 하는 카피다. 제품의 사양을 스펙이라고 부르는 걸 생각했을 때 스펙 카피가 무엇을 의미하는지 쉽사리 느껴질 것이다.

예를 들어 안마용 침대를 위한 인쇄 광고 제작을 위해 카피를 작성한다고 해보자. 인쇄 광고는 보통 신문, 잡지, 옥외, 소셜미디어 등에서 사용한다. 대개 카피가 헤드 카피와 보디 카피로 분리된다면 제목과 내용을 구분해야 해서 분량이 늘어난다. 이때 카피가 실릴 미디어는 한정적일 수밖에 없다.

하지만 요즘은 긴 카피를 전부 읽는 사람도 없거니와 긴 카피가 실릴 만한 미디어의 인기가 사그라든 이유로 헤드 카피와 보디 카피로 이루어진 구조로 쓰는 카피들이 많이 줄어들었다.

2018 현대백화점 카드 브랜딩 및 론칭 작업

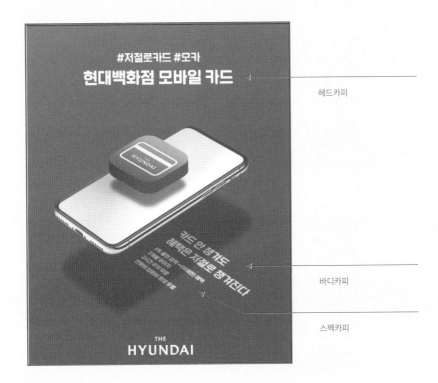

헤드카피

바디카피

스펙카피

강남모던걸 세계관 스토리 및 전시 카피라이팅 작업

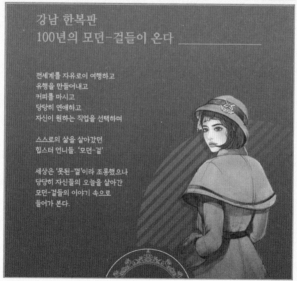

2019 현대식품관 여름/겨울 행사 네이밍 및 카피라이팅 작업

매장 천장에 위치한 행사 컨셉 카피이다.
쇼핑하는 소비자들의 소비 욕구를
자극하는 이미지와 카피가 필요한
자리이다.

나는 나를 파괴할 권리가 있다

내 안에 모든 것을 쏟아붓는 날이 있다
머리부터 가슴까지
모든 것을 연소시키고
그렇게 남은 불순물까지 탈탈 털어
온 집중을 다해 해내고 나면
내 몸의 어딘가가 좀 망가진 기분이 든다

완전히 텅 비어버린 느낌
완전히 탁 멈춰버린 느낌

나는 나에 의해 완전히 파괴당했다
그래서 난 *** 위에 눕는다

비어버린 안쪽부터
척추 하나하나를 따라
따뜻하고 묵직하게 몸 안을 깨우다 보면
어느새 완전히 충전된 기분이 든다

나는 나를 파괴할 권리가 있다
그래서 나를
완전히 쉬게 할 권리도 있다

열심히 사는 당신을
열심히 쉬게 할 권리
***안마기

6단계 강도 조절/12가지 특화된 압박 자극 프로그램/특수발열도자

본 기기는 내부/외부 온열을 이용하여 인체에 열을 가하는 개인용 온열기로 근육통 완화에 도움을 줍니다

이 제품은 의료기기이며, 사용상의 주의사항과 사용 방법을 잘 읽고 사용하십시오

광고심의필 : 심의번호 2222-12-12-1234

하지만 요즘은 긴 카피를 전부 읽는 사람도 없거니와 긴 카피가 실릴 만한 미디어의 인기가 사그라든 이유로 헤드 카피와 보디 카피로 이루어진 구조로 쓰는 카피들이 많이 줄어들었다.

위에서 '나는 나를 파괴할 권리가 있다'라는 제목이 헤드 카피다. 본문인 '내 안에 모든 것을 — 쉽게 할 권리 ***안마기'가 보디 카피고, 하단 박스에 담긴 내용이 스펙 카피다.

헤드 카피가 주제를 나타내는 메인 카피가 되는 것은 아니다. 기사의 헤드라인과 유사한 역할을 한다고 생각하면 이해에 도움이 된다. 위 카피에서 메인 카피의 역할을 하고 있는 것은 제품의 슬로건인 '열심히 쉽게 할 권리'라는 문장이다. '열심히 살고 있는 당신을'이라는 문장이 메인 카피의 등장 분위기를 조성하는 리드 카피가 된다.

카피의 주인공인 제품의 존재 이유와 전하고자 하는 철학은 열심히 살아가는 사람들을 쉬게 할 권리다. 자신을 파괴하면서까지 최선을 다해 사는 사람들을 온전히 쉬게끔 하는 ***안마기가 있다는 게 이 카피의 전체적인 맥락이다.

| 콘텐츠 종류에 따른 카피 용어 알아보기 |

콘텐츠에 따라 제작에 필요한 다양한 카피들이 존재하고 그만큼 다양한 용어들이 존재한다. 이 용어들을 미리 알아놓는 게 클라이언트나 다른 파트너들과의 소통에 유리하다.

━ 영상 콘텐츠 카피

대표적인 영상 콘텐츠 미디어는 TV 광고였다. 하지만 요즘은 유튜브나 소셜미디어에 올라가는 형태로 영상 콘텐츠를 만드는 추세다. 영상 콘텐츠 카피를 쓸 때 카피라이터 입장에서 가장 중요한 건 분량이다. 6~7초짜리 짧은 영상부터 20분이 넘어가는 영상까지 다양한 영상 콘텐츠를 제작한다. 분량에 따라 카피 자체가 달라지므로 영상 콘텐츠 카피를 쓰기 전에는 꼭 분량을 파악해놓아야 한다.

영상 콘텐츠에 삽입된 소리와 별개로 자막을 통해서도 내용을

2021 Shell HELIX film 작업

TV영상 광고의 카피이다.
"새 차처럼, 잘 나가는 엔진오일"
이라는 슬로건을 뒷받침하는
제품의 장점들로 카피를 작성했다.

전달할 수 있다. 이동 중에 보이는 옥외 전광판 영상은 소리가 나오지 않아 자막으로만 제품·브랜드·기업의 메시지를 전한다. 또 소리 없이 영상을 보는 이들도 있어서 자막으로 많은 내용을 전달할 수 있도록 카피를 쓰기도 한다. 이런 환경을 고려해 애초에 소리 없이도 영상을 충분히 이해하게끔 만드는 자막 위주의 영상 콘텐츠 카피작성이 필요할 수도 있다.

S#1 거실

아빠Na)
평화로운 우리 집.
이 시간만은 전쟁이 시작되죠.

SE) TV 소리, 채널 변경된 듯,
화기애애했던 예능 분위기에서, 심각한 드라마로

엄마) 야, 이 시간에 무슨 예능이야. 밤엔 드라마지!
딸) 엄마! 오빠들 컴백했단 말이야!

엄마O.V) 오빠 같은 소리 하네. 내 오빠는 이 드라마에 나오거든?!

딸) (짜증 섞인 목소리로) 엄마!
엄마) …. (드라마에 완전히 몰입한 엄마)

아빠Na)
우리 집 평화를 위해
세컨 TV는 필수랍니다.

자막) 한 대 가격에 두 대를
아빠자막/Na) *** TV

영상 콘텐츠 카피를 위한 용어 모음

자막 : 영상 안에 자막으로 처리되는 부분이다. 자막이면서 동시에
내레이션으로도 진행된다면 '자막/Na)'로 표기한다.

대사 : 출연자 간에 대화를 의미한다. 영상 안의 출연자가 엄마와
딸이라고 할 때 '엄마)'는 엄마의 대사, '딸)'은 딸의 대사다.

Na : 내레이션을 의미한다. 예를 들어 엄마와 딸이 대화하는 상황에
영상에 출연하지 않은 아빠가 상황을 설명하거나 내용을 보태는
독백을 한다면 카피에 '아빠Na)'으로 표기한다.

O.V·V/O : 오버보이스 또는 보이스오버라고 부르며 카피에 적을
때 O.V·V/O로 쓴다. 내레이션과 오버보이스를 혼동해 사용하기도
하지만 명확히 하면 오버보이스는 출연자의 속마음이다. 딸과의 대화
상황에서 '엄마(O.V)'라고 썼다면 딸은 듣지 못하고 시청자에게만
들리는 엄마의 속마음이다.

SE : 'Sound Effect'의 약자다. 영상에 들어갔으면 하는 효과음을
표현할 때 사용한다.

카피력

━ 음성 콘텐츠 카피

음성 콘텐츠 카피의 가장 대표적인 미디어는 라디오다. 라디오 광고 카피는 라디오에서 나아가 매장 내 음성 광고나 정류장 안내 방송 후 이어지는 버스 광고로 사용되기도 한다. 회사와 브랜드 대표 번호로 전화했을 때 듣는 안내 멘트도 음성 콘텐츠 카피로 '비즈링'이라고 부른다.

음성 콘텐츠 카피를 쓰는 것은 영상 콘텐츠 카피를 쓰는 것과 크게 다르지 않아서 카피라이팅 과정이나 카피에 사용되는 용어도 흡사하다. 다만 음성 콘텐츠 카피는 오로지 소리로 내용을 전달해야 해서 배경이나 상황을 유추하기 알맞은 효과음과 배경음악이 필요하다. 때문에 카피라이팅을 하는 과정에서 소리에 대한 고민을 충분히 하고, 카피를 적은 문서에 소리 관련 묘사를 디테일하게 풀어내야 한다.

━ 인쇄 콘텐츠 카피

카피라이팅 업무에서 제일 큰 비중을 차지하는 것은 인쇄 콘텐츠 카피다. 신문·잡지·전단지·카탈로그·옥외 등 출력물부터 배너·피드·홈페이지·뉴스레터·상세페이지 등에 들어가는 카피까지 인쇄 콘텐츠 카피로 보고 카피라이팅에 들어간다.

신문 광고에 들어갔던 내용을 규격에 맞게 디자인만 달리 변경하면 검색포털의 배너로 사용할 수 있다. 카탈로그를 출력하지 않고 사진과 내용을 자사·타사 홈페이지에 올린다면 그것이 상세페이지가 된다. 달라진 미디어에 따른 좀 더 세밀한 접근을 요구하겠지만 말이다. 요새 많이 제작되는 디지털 콘텐츠는 대부분 기존 미디어의 콘텐츠에서 형태만 달리 한 것이라고 이해하면 카피라이팅이 보다 쉬워질 것이다.

카피라이터 입장에서 인쇄 콘텐츠 카피 업무를 시작할 때 가장 중요한 건 제작물의 종류·위치·크기다. 사실 위치와 크기는 연관이 깊어서 위치가 정해지면 제작물의 크기는 위치에 알맞게 따라가는 경우가 허다하다. 위치는 제작물의 크기와 분량에 직접적으로 영향을 준다. 이처럼 위치는 인쇄용 카피를 쓰는 데 가장 중요한 역할을 하기 때문에 먼저 확인하는 게 좋다.

제작해야 하는 인쇄 콘텐츠가 배너라고 할 때 다음 내용을 확인해보자. 네이버, 카카오톡 등 주요 페이드 미디어의 배너들은 각 배너에 넣을 수 있는 분량과 크기를 규정하고 있다. 정해진 글자 수와 폰트 크기로 배너를 만들어야만 심의에 통과한다. 카피를 쓰는 입장에서 규정을 지켜가며 카피를 쓰는 일은 매우 까다로운 일이다. 각 미디어의 광고 제작 규정은 소비자가 읽기 쉬운 분량과 크기를 규격화한 것으로 이를 지킬 때 배너 광고의 효과는 강력해진다.

포스터 제작 사례도 살펴보자. 포스터는 피로 해소에 좋은 영양제를 소개한다. 제작해야 하는 포스터는 게재할 위치가 각각 다른 두 가지 종류의 포스터다. 위치는 약국이 있는 건물 엘리베이터 안과 조제를 기다리는 약국 내부다. 포스터는 둘다 A3 사이즈로 크기는 같다. 위치에 따라 타깃이 다르므로 포스터에 들어가는 카피 역시 달라져야 한다.

엘리베이터는 약국을 오고 가는 사람이 마주하는 장소다. 또한 약국에 갈 목적은 없는, 약국이 있는 건물에 출입하는 사람들도 포스터를 보게 된다. 그래서 이 자리는 보다 광범위한 내용이 담기는 것이 좋다. '몸이 예전 같지 않네. 요즘 따라 쉽게 피곤해지는 것 같다면…' 정도의 카피가 적당할 것이다.

약국 안에 붙은 포스터는 약국 내부를 두리번거리며 약을 기다리는 위치이기에, 이 포스터를 보게 된 이들은 (약을 처방받으러 온 만큼) 아픈 상태일 확률이 높다. 따라서 '아프기 전에 피곤까지 미리미리 관리해야죠' 정도의 카피를 포스터에 적는 것이 좋겠다.

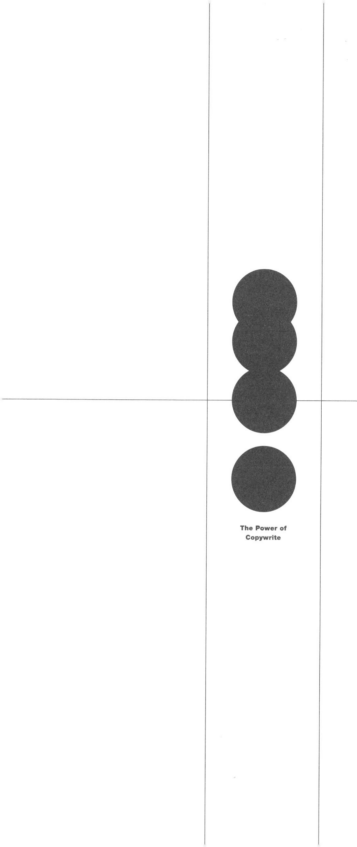

The Power of
Copywrite

The Power of
Copywrite

어차피 내 문장을
기억할 사람은 없다
– 카피가 남기는 건 무엇일까?

① 문장보다 단어인 워딩에 집중하자

② 워딩이 무엇인지 알아볼까?

③ 간단하게 워딩 설정하기

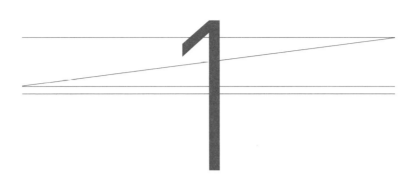

문장보다 단어인 워딩에
집중하자

사람들은 카피라이터에게 문장력을 요구하기 마련이다. 다시 말해 쉽게 술술 읽히면서도 한눈에 맥락이 읽히는 글, 마음을 사로잡는 힘 있는 문장을 기대한다. 카피라이터는 글을 쓰는 일이 업, 글을 쓰는 직업이기에 이런 기대에 충족하는 글을 써야 한다. 글을 쓸 줄 아는 것을 넘어, 글을 잘 쓰는 것은 카피라이터의 기본 소양이며 그 대가로 돈을 받는 거니까.

하지만 나는 카피라이팅 강의에 가면 항상 "여러분이 쓴 문장과 카피를 기억하는 사람은 아마 없을 것입니다. 그러니까 글을 잘 쓰려고 너무 힘을 주거나 애쓸 필요 없어요"라고 하며 카피라이터 지망

생과 카피라이터 직무를 수행하고 있는 마케터를 응원하곤 한다.

엄밀히 말하면 이 얘기는 카피라이터가 글을 못 써도 된다는 얘기가 아니다. 글을 '잘' 쓰는 것만 욕심낸다고 좋은 카피를 쓸 수 있는 건 아니라는 의미이다.

앞서 얘기했듯 카피라이터가 쓰는 모든 상황의 카피들이 좋은 글, 힘 있는 문장일 순 없으며, 그럴 필요도 없다. 카피에 우선되는 건 클라이언트의 요구와 목적을 해결하는 것이며, 무엇보다 카피의 타깃, 소비자들은 생각보다 내가 쓴 카피와 문장에 별다른 기대를 하지 않는 경우가 허다하다. (감동이나 전율을 느끼기 위해 굳이 - 다른 장르의 글들을 두고 - 카피를 찾아 읽는 소비자는 없을 것이다. 이것은 분명하다)

그렇다. 카피의 타깃, 소비자는 말 그대로 소비를 해줬으면 하는 대상이지 내 카피를 맛있게 소화해 줬으면 하는 독자가 아닌 것이다. 그렇다면 카피라이터는 카피를 쓸 때, 글과 문장이 아닌 어디에 집중해야 할까? 나는 이에 대한 대답을 하기 위해, 이쯤 항상 내 자기소개를 하곤 한다.

안녕하세요, 저는 카피라이터 임윤정이라고 합니다. 본격적으로 카피라이터 직무를 시작한 건 제일기획에 공채로 입사하고 나서부터였습니다. 삼성전자, 삼성화재, KT, 오리온 등 다양한 클라이언트의 작업을 했고 제일기획에서 퇴사하고 나서는 SBS에서 프리랜서 카피라이터로 일했습니다. SBS 자체 캠페인, 대선, 총선, 올림픽 같은 대형 행사에 대한 채널 홍보 및 광고, 드라마 예능 시사교양의 예고 등의 콘텐츠를 기획하고, 카피를 제작했습니다.

지금은 제 회사를 운영하며 다양한 클라이언트의 일을 하고 있는데요. 주로 화장품, 유통사, 전자제품, 스타트업의 일을 많이 하는 것 같습니다. 카피라이터가 직업이라고 하면 가장 많이 받는 질문이 '어떤 연예인 봤냐?' 같은 질문인데 보고 가장 깜짝 놀랐던 연예인은 이영애 님과 장동건 님입니다. 이들은 인간계가 아니라고 생각했거든요.

누군가 이 책을 보는 당신에게 "너 요즘 카피 관련 책 읽고 있다며? 그거 누가 쓴 거야? 그 사람 뭐 하는 사람이래?"라고 질문한다면, 아마 당신은 머릿속에서 내 자기소개를 떠올릴 것이다. 읽어낸 자기소개에서 몇 가지 단어는 확실히 떠오르기 마련이다. 사람마다 차이를 보이겠지만 대개 아래 진하게 처리한 단어일 것이다.

안녕하세요. 저는 **카피라이터** 임윤정이라고 합니다. 본격적으로 카피라이터 직무를 시작한 건 **제일기획**에 공채로 입사하고 나서부터였습니다. **삼성전자, 삼성화재, KT, 오리온** 등 다양한 클라이언트의 작업을 했고 제일기획에서 퇴사하고 나서는 **SBS**에서 프리랜서 카피라이터로 일했습니다. SBS 자체캠페인, 대선, 총선, 올림픽 같은 대형 행사에 대한 채널 홍보 및 광고, 드라마나 예능, 시사교양의 예고 등의 콘텐츠를 기획하고, 카피를 제작했습니다.

지금은 제 회사를 운영하며 다양한 클라이언트의 일을 하고 있는데요, 주로 화장품, 유통사, 전자제품, 스타트업의 일을 많이 하게 되는 것 같습니다. 카피라이터가 직업이라고 하면 가장 많이 받는 질문이 '어떤 연예인 봤냐?' 같은 질문인데, 보고 가장 깜짝 놀랐던 연예인은 **이영애** 님과 **장동건** 님입니다. 이들은 인간계가 아니라고 생각했거든요.

질문한 친구에게 임윤정이라는 저자가 어떤 사람인지 알리고자 진하게 처리한 단어들을 조합해 문장을 만들고 고유의 말투를 입혀 말할 것이다.

임윤정 저자는 **카피라이터**인데 **제일기획** 다니다가 SBS로 옮겼대. **삼성전자, KT** 광고를 만들었다네. **이영애**랑 **장동건**을 봤다는데 인간계가 아니래.

자기소개를 접한 사람은 콘텐츠 안의 모든 문장을 완벽하게 기억하지 못한다. 대다수의 사람은 문장이 아닌 전체 맥락을 파악하는 형태로 기억하며, 맥락을 이해하고자 몇 가지 단어에만 집중한다. 특정 단어로 전체 내용을 저장해두었다가 필요할 때 단어를 떠올려 문장으로 만드는 것이다.

이를 미뤄봤을 때 몇 가지 단어를 소비자의 뇌리에 박히도록 하는 과정이 카피라이팅의 과정이다. 카피를 쓰는 목적이 카피라는 문장 자체를 온전히 남기는 일이 되어선 안 된다. 엄밀히 말해 카피는 클라이언트의 것이다. '잘 썼다, 못 썼다'라는 카피에 대한 평가나 '좋다, 감동적이다'와 같은 카피가 남긴 인상은 중요하지 않다. '궁금하다, 갖고 싶다, 사고 싶다'처럼 제품과 브랜드에 대한 관심을 이끌어내는 게 카피여야 한다.

소비자가 제품을 좋게 인식하도록 유도하는 단어를 떠올려보자. '내가 의도해서 떠올린 단어로 만든 카피가 대상에게 가닿게 하는 것'이 좋은 카피를 쓰는 방법이다.

어떤 소금이 있다. 이 소금은 필수 아미노산이 풍부한 유기농 함초 100%에서 염분을 추출해 만든 '함초 소금'으로 칼슘이 우유의 7배, 철분이 다시마의 10배다. 보통 요리 맛을 낼 때 사용한다. 또 고기의 연육 작용을 돕고 반죽을 쫄깃하게 만들어주기도 한다. 백미를 안칠 때 소량 넣으면 현미로 밥을 해 먹는 듯한 효과가 있다. 함초 특유의 색이 있어 맑은 국물 요리 등에는 주의해서 사용해야 한다.

위의 설명으로 영상을 만들거나 내용의 이해를 돕는 사진을 첨부해 기사를 작성할 수도 있다. 완성된 콘텐츠가 무엇이든 콘텐츠를 본 소비자는 내용에 담겨 있는 문장을 전부 기억하지 못한다. 다만 문장 속 단어 몇 가지는 분명히 기억할 것이다.

#아미노산 #함초 #유기농 #칼슘 #철분 #요리 #현미밥 #함초색

대개 색이나 맛처럼 이미 알고 있던 단어를 기억해 떠올릴 것이다. 이런 기억의 과정은 콘텐츠를 받아들이는 소비자 나름대로 전체 맥락을 효율적으로 파악하기 위한 노력이다. 익숙한 단어를 바탕으로 새로운 제품이나 브랜드를 이해해야 보다 확실한 기억이 가능하고, 느낌에 대한 뚜렷한 인상을 받아야 제품의 속성을 또렷하게 읽어낼 수 있다.

이렇게 저장된 단어들은 소비자의 머릿속에 남아있다가 불현듯 필요한 순간에 떠오르게 된다. 예를 들어 위 내용이 담긴 영상을 본 소비자가 마트에 가서 매대에 놓인 함초 소금을 마주하면 머릿속에 저장한 단어들을 자신도 모르게 꺼내게 될 것이다. 그리고 단어들을 엮어 구매하려는 자기 자신을 설득하게 된다.

설득의 결과가 위의 그림처럼 '사야겠다!'는 결론으로 이어지기도 하지만 '나에겐 별로 필요 없는데, 사지 말아야겠다'가 될지도 모른다. 중요한 건 소비자의 머릿속에 단어들을 남길 수 있다면 그 단어들은 '언젠가' 사용된다는 것이다.

카피를 읽는 소비자는 독자가 아니다. 지나치게 문장에 집착할 필요가 없다. 문장을 멋들어지게 쓰거나 좋은 글을 완성하는 것에 대한 부담을 내려놓고 좋은 단어를 남기는 것, 의도한 단어를 정확히 전달하는 것에 집중해보자. 이게 바로 카피라이팅의 기본이다.

지금부터 소비자의 머릿속에 남기고자 카피라이터가 카피에 의도해서 배치한 단어를 '워딩(wording)'이라 부를 것이다. 카피를 쓰기 전에 어떤 워딩을 소비자에게 전해야 할지 정리하고, 워딩이 잘 전달되도록 문장을 구성하는 게 내가 생각하는 카피라이팅의 과정이다.

난 카피의 기본은 워딩이라 믿는다. 소비하는 순간에 카피가 떠오르도록 만드는 건 좋은 문장보다 적절한 단어인 워딩일 확률이 높으니까 말이다. 글을 잘 쓰지 못하는 사람이어도 괜찮다. 적절한 워딩을 잘 골라낼 수 있다면 카피는 '라이팅'이 아니라 워딩을 포함한 문장을 그저 '구성'하기만 하면 되는 아주 간단한 작업이 된다.

2

워딩이 무엇인지 알아볼까?

어떤 기업이나 제품 및 브랜드를 생각했을 때 떠오르는 인상을 보통 기업·브랜드·제품의 콘셉트 또는 이미지라고 부른다. 워딩은 콘셉트와 이미지를 구성하고 이루는 부분이자 요소다. 다시 말해 워딩이 모여 콘셉트를 만든다. 콘셉트가 고객의 머릿속에 남아 특정 인상으로 기억되는 걸 이미지라 부른다.

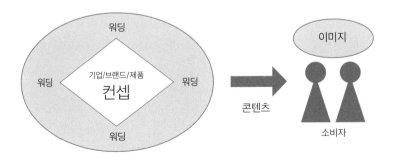

그러므로 기업·브랜드·제품의 이미지를 만들기 위해선 차별화된 콘셉트가 필요하고, 튼튼한 기반을 위한 기초 작업으로 워딩을 잘 수립해야 한다. 사람마다 개별성과 고유성이 존재하는 건 내외적인 것에서 생기는 다양한 차이 때문이다. 'A는 내성적이고, B도 내성적이지', 'A는 키가 크고, B도 키가 커'라고 말하듯 A와 B라는 사람에 '비슷하다, 같다'고 하는 공통점이 있다. 반면 특징을 나열하다 보면 어느 순간 차이가 생기고 이를 통해 각자의 개별성과 고유성이 드러난다.

A는 내성적, 흰칠함, 꼼꼼함, 이성적, 숫자적
B는 내성적, 흰칠함, 감성적, 아기자기함, 예술성

사람의 성격을 나타내는 단어들도 워딩이라 볼 수 있다. 한 가지 짚고 넘어갈 부분은 워딩 자체가 특별하고 유일해서 주체의 속성이나 성격이 생기는 게 아니라는 점이다. 워딩은 각기 다른 것들 사이에서 공유될 수 있으나(서로 다른 사람인 A/B가 같은 워딩을 공유하고 있는 것처럼), 워딩이 모여 이루는 종합적인 성격이 개별적 특성이 된다.

사람의 성격이나 이미지를 통해 확인한 워딩의 정의를 기업·브랜드·제품에 적용해보자. 한 사람의 개별성과 고유성을 나타내는 단어가 워딩이듯, 기업·브랜드·제품을 설명할 수 있는 단어가 워딩이 될 것이다. 이 또한 타사와 함께 쓰지 않는 유일무이한 워딩은 아니지만, 여러 워딩이 뭉쳐 기업·브랜드·제품만의 성격을 구성할 때 고유한 콘셉트를 만들어낸다.

제공하는 서비스가 비슷한 SKT와 KT를 예시로 살펴보자. 통화를 하거나 인터넷을 사용하면서 '이 음질은 SKT가 맞아', '이 속도감은 KT가 분명하네!'라고 서비스의 질적인 차이를 단번에 느끼는 사람은 없을 것이다. 하지만 소비자가 인식하는 두 기업의 이미지에는 분명한 차이가 있다. 같은 서비스를 내세우지만 각각 개별적인 이미지로 그려진다면, 분명 두 기업은 서로 다른 콘셉트를 추구하는 것이다. 기업은 그들의 콘셉트를 소비자에게 전하기 위해 저마다 다른 워딩을 녹여 콘텐츠를 제작한다.

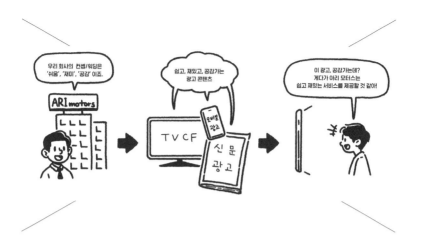

나는 어떤 클라이언트의 의뢰가 들어오든, 해당 기업·브랜드·제품의 워딩을 잡는 걸로 프로젝트를 시작한다. 새롭게 론칭한 브랜드와 제품에 콘셉트를 부여하거나 기업의 업무가 변해서 새 워딩을 잡아야 할 필요가 있는 경우에 워딩을 설정한다. 탄생한 워딩은 제품이나 브랜드의 DNA와 같다. 이런 워딩들은 홈페이지에 명시되는 경우도 있으며, 다양한 카피와 콘텐츠에 반영된다.

워딩 설정을 우선으로 하는 데에는 이유가 있다. 클라이언트와 프로젝트를 이해하기 위한 밑바탕이 되는 작업이기 때문이다. 워딩 설정이라는 기본 작업을 잘 다졌을 때 원활하게 프로젝트를 이어갈 수 있다. 그리고 어떤 콘텐츠 카피든 소비자의 머릿속엔 워딩이 일관

되게 남아야 한다. 때문에 콘텐츠 카피를 쓰기 전 워딩이 무엇인지, 즉 클라이언트가 카피에 녹이고자 하는 핵심이 무엇인지 짚고 갈 필요가 있다.

워딩이 무엇인지 제대로 짚어내지 못하면 큰 오류가 생기기도 한다. 대체로 유행 중인 키워드에 꽂혀 카피의 중심이 되어야만 하는 기업·브랜드·제품의 워딩을 등한시하다가 생겨나는 실수다.

예를 들어 〈놀면 뭐하니?〉에서 등장한 '싹쓰리', '환불원정대'라는 단어가 한창 여기저기에 많이 쓰인 적이 있다. 오고 가며 보이는 카피가 해당 단어를 너 나 할 것 없이 두르고 있는 모습. 하루는 우스운 광경을 목격했다. '모공싹쓰리, 보험걱정싹쓰리, 아이템싹쓰리…' 각각 '화장품 회사, 보험 회사, 게임 회사'의 지하철 스크린 도어 광고 카피에 '싹쓰리'가 모조리 쓰인 것이다.

때문에 카피를 쓰기 전 어떻게 워딩을 설정해야 효과적일지 고민해야 한다. 무슨 워딩을 남길지 결정했다면 워딩이 콘텐츠 안에 잘 표현되도록 돕는 카피를 쓰고, 그렇게 제작된 콘텐츠를 소비자에게 전달할 때 만든 워딩이 의도대로 전달되는지 점검해봐야 한다.

의도한 컨셉을 잔달하기 위한 **워딩**		글, 사진, 영상, 포스터, 이벤트, 포스팅 등의 **콘텐츠**		컨셉을 이해한 **워딩**
마케터/제작자/카피라이터				소비자

3

워딩 설정하기

워딩을 설정하는 방법은 아주 단순하다. 소비자가 기억해줬으면 하는 제품과 브랜드에 관련이 있는 몇 가지 단어를 정하기만 하면 된다. 다만 그 워딩이 정말 원하는 목표를 달성하는데 적합한 워딩인 지 '단계별로' 살펴보는 과정이 필요하다. 목표 달성을 위한 워딩 쓰기는 제품과 브랜드에 대한 냉정하고 이성적인 판단이 우선시되어야 한다.

제품을 이제 막 출시한 상태라면 기초적인 워딩 세팅이 필요하다. (기초 단계) 이후 제품의 인지도가 생겼으나 타사 제품과 달리 구분할 수 있는 고유의 워딩을 찾아야 한다면 기본 단계의 워딩 설정에 주목하자. (기본 단계) 많은 경쟁사 사이에 뛰어들려는 후발 주자와 혼란한 시장에서 변화를 꾀하는 브랜드는 새로운 워딩이나 기존 워딩의 점검을 할 수 있는 심화 단계 워딩 방법을 따라가면 된다. (심화 단계)

━ 기초 단계 : 이제 막 출시한 제품

제품 소개 카피에 녹아 있어야 할 워딩들이 제대로 담겼는지 확인해보기 위해 다음 질문에 답해보자. 누군가가 당신의 제품과 브랜드에 대해 궁금해한다고 생각하면서 말이다.

Q1. 당신의 제품에 대해 소개해주세요.

답변 예시.

● 내 제품의 이름은 '몸애사과'인데

이 제품은 '유기농 제철 사과만을 껍질째 착즙한 주스'입니다.

왜, 유기농으로 기른

제철의 사과만을

껍질째 착즙했냐면….

건강을 위해 챙겨 먹는 식품일수록

정말 건강하게 길러낸 재료로

건강한 방법으로 만들어야 한다고 생각했거든요.

Q2. 당신이 론칭한 제품 이름은 무엇인가요?

● 제품 이름은 몸애사과입니다.

　→ 예시처럼 답변한다면 제품의 '네임'을 소개한 것이다.

Q3. 당신이 론칭한 제품은 어떤 제품인가요?

● 몸에사과는 유기농 제철 사과만을 껍질째 착즙한 주스입니다.

  → 예시처럼 답변한다면 제품이 어떤 제품인지 즉, 제품의 정의. 태그라인을 소

    개한 것이다.

Q4. 유기농으로 기른 제철 사과만 껍질째 착즙한 이유가 있

나요?

● 건강을 위해 챙겨 먹는 식품일수록 건강하게 길러낸 재료와 방법으로 만들어

  야 한다고 생각했어요.

  → 예시처럼 답변한다면 제품(특정한 장점을 가진)을 만들어낸 이유, 철학·스토리

    등을 설명한 것, 즉 제품의 '슬로건'을 풀어서 설명한 것이다.

이렇게 누군가가 제품에 대해서 질문한다고 생각하며 어떤 이름(네임)의 제품(태그라인)을 왜 만들었고, 어떤 과정(슬로건)을 거쳐 생산했는지 설명한다. 이 과정 속에서 제품의 장점과 매력을 자연스레 말하게 될 것이다. 이제 답변 내용에서 장점으로 여겨지는 단어만 추출해서 정리하면 워딩이 설정된다.

제품 이름은 몸애사과입니다. 몸애사과는 **유기농 제철 사과**만을 **껍질째 착즙**한 주스입니다. **건강**을 위해 챙겨 먹는 식품일수록 건강하게 길러낸 재료와 방법으로 만들어야 한다고 생각했어요.

몸애사과의 워딩 : 유기농 / 제철 사과 / 껍질째 / 착즙 / 건강

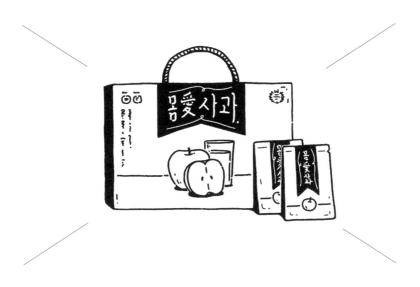

━ 기본 단계 : 제품의 브랜드화

제품을 단순히 소개하는 걸 넘어 브랜딩을 목표로 하고 있다면 워딩 설정에 있어서 좀 더 섬세한 접근이 필요하다. 몸애사과를 예시로 다시 활용해보자. 답변 예시를 참고해서 당신의 사례를 적용해보자.

01. 제품·브랜드의 이름은 무엇인가요?

답변 예시.

● 몸애사과

→ 제품·브랜드의 네임이다.

A1.

Q2. 제품·브랜드가 무엇인지 처음 접하는 이들에게 한 줄로 설명해주세요.

답변 예시.

● 유기농 제철 사과 착즙 주스

  → 제품·브랜드가 무엇인지 설명한다는 건, 태그라인을 말하는 걸 의미한다.

A2.

Q3. 제품·브랜드의 장점은 무엇인가요? (5개 이내로 작성)

답변 예시.

● 영양가 / 맛있는 / 가벼운 / 건강한

A3.

제품·브랜드에 대해 소비자에게 전달하고 싶은 장점이 워딩은 맞지만, 워딩으로 설정 전에 장점들을 적극적으로 소구하는 것이 타당한지 점검해보는 과정이 필요하다.

Q4. 내 제품·브랜드의 장점을 만들어낸 요인(비결. 비법)은 무엇인가요?

답변 예시.

● - 영양가 : 무농약·무첨가 사과 사용

- 맛있는 : 당도 높은 제철 사과 사용

- 가벼운 : 사과 자체의 칼로리가 적음

- 건강한 : 사과 한 알을 통째로 착즙

A4.

장점이 타당한지 살피려면 장점을 소구하는 근거가 있어야 한다. 근거는 장점을 만들어낸 요인(비결, 비법)인데 타당할 때만 소비자를 설득할 수 있다. 따라서 장점을 나타내는 단어를 워딩으로 설정하기 전에 장점의 타당성을 확인하는 작업이 필요하다.

Q5. Q4의 답변 내용 안에서 제품·브랜드를 정의할 수 있는 단어를 찾아 나열해보세요.

답변 예시.

● 유기농 / 제철 사과 / 껍질째 / 착즙 / 영양 / 건강한 / 가벼운 / 맛있는

A5.

Q6. 내 제품·브랜드의 타깃은 누구인가요? (5개 이내로 작성)

답변 예시.

● - 간식을 준비하는 엄마

- 다이어트 중인 여성

- 어린이

- 건강을 관리하는 어른

A6.

Q7. 타깃별로 장점을 연결해보세요.

답변 예시.

● - 간식을 준비하는 엄마 : 맛있는, 건강한, 영양

   - 다이어트 중인 여성 : 가벼운, 건강한, 영양

   - 어린이 : 맛있는

   - 건강을 관리하는 어른 : 건강한, 가벼운, 영양

A7.

워딩을 설정하는 데 있어 제품·브랜드의 타깃을 고려해야 하는 이유는 단순하다. 워딩이란 제품·브랜드의 소비자가 되어줄 타깃에게 남기고 싶은 단어다. 그들 안에 내가 의도한 단어가 남으려면 그들이 누구고 원하는 게 무엇인지, 원하는 걸 제품·브랜드가 충족시켜줄 만한지 점검해봐야 한다.

Q8. 제품·브랜드의 경쟁사는 어디인가요?

답변 예시.

● 후버 사과 주스

A8.

Q9. 내 제품·브랜드의 경쟁사 대비 차별점은 무엇인가요?

답변 예시.

● 껍질째 통째로 착즙 / 제철 사과만을 사용해 한시적 판매

타사의 경쟁 제품이 있기에 내 제품·브랜드의 장점이 내 제품·브랜드만의 장점이 아닌 경우들도 있다. 경쟁사·경쟁 제품이 다양하다는 건, 해당 제품군에 대한 필요성을 소비자에게 여러 번, 다각도로 소구할 수 있기 때문에(각각의 브랜드가 다양한 마케팅·유통 경로로 해당 제품을 어필하므로) 전체 시장의 크기를 키울 수 있다는 장점이 있지만, 나의 메시지가 경쟁사의 메시지에 묻혀버릴 수도 있다는 단점도 존재한다. 그래서 내 제품이 가진 장점에 대해 냉정해져야 한다. 제품의 장점이 경쟁 제품이 쉽게 갖는 흔한 장점이라면 제품군이 가진 일반적인 특성일 뿐이다.

몸애사과의 경우 '착즙 주스'라는 점은 일반적인 특성으로 볼 수 있다. '유기농 사과'를 재료로 쓰는 것도 마찬가지다. 이런 지점이 콘텐츠 안에 담겨 소비자에게 전달된다면 다른 제품을 떠올리게 할지도 모른다. 때문에 위와 같이 경쟁사와 확연히 차별되는 점을 골라내는 작업이 필요하다.

Q10. Q4에서 답변한 워딩을 소비자 입장의 장점, 판매자 입장의 장점, 경쟁사 비교 차별점으로 분류해주세요.

● - 소비자 입장의 장점 : 영양 / 건강한 / 가벼운 / 맛있는
  - 판매자 입장의 장점 : 유기농 사과 / 착즙
  - 경쟁사 비교 차별점 : 제철 사과 / 껍질째

(A10.)

'소비자 입장의 장점'은 제품이 소비자를 만족시키는 포인트, 필요를 만들어내는 부분이다. '건강에 좋은 걸 챙겨 먹고 싶다, 다이어트를 하고 싶다, 간식거리를 사야 한다'는 있을 때, 소비자들은 관련 제품의 정보를 찾아보거나 광고 등의 정보에 더 민감하게 반응한다. 따라서 소비자 입장의 장점은 우선적으로 소구해야 하는 장점이다. 인지 콘텐츠 단계에서 소비자 입장의 장점에 해당하는 워딩이 포함된 콘텐츠를 제작하는 게 좋다는 말이다.

'판매자 입장의 장점'은 판매자가 제품을 얼마나 신중하고 철저하게 관리하며 만들어 가는지에 대한 부분으로 소비자에게 신뢰감을 전달하는장점일 것이다. 해당 장점은 자사의 소셜미디어에 업로드할 콘텐츠, 구매 단계의 상세페이지 등에 포함되어야 한다.

'경쟁사 비교 차별점'은 제품에 대해 어느 정도 인지한 소비자가 좀 더 세밀하게 제품을 들여다보고 살필 때 알게 된다. 경쟁사 비교 차별점에 해당하는 워딩은 깊이 있는 내용을 담고 있는 검증 단계의 콘텐츠나, 구매를 결정하게 될 상세페이지에 넣는 게 좋겠다.

소비자 입장의 장점	관심	타깃 광고
판매자 입장의 장점	소개. 이해	소셜미디어, 상세페이지
경쟁사 비교 차별점	비교. 설득	소셜미디어, 상세페이지

Q11. 내 제품·브랜드에 대해서 Q10에 답변한 워딩들을 넣어 설명해주세요.

(답변 예시.)

● 내 제품의 이름은 몸애사과인데

이 제품은 '유기농 제철 사과만을 껍질째 착즙한 주스'야.

건강을 위해 챙겨 먹는 식품일수록

정말 건강하게 길러낸 재료와 건강한 방법으로

만들어야 한다고 생각했어.

제철 사과라 상큼하고 달달해 맛이 좋을 뿐만 아니라

영양이 가득해 건강하고 칼로리 걱정 없이 가볍기까지 해.

A11.

Q12. Q11에서 답변한 내용 안에서 네임, 태그라인, 슬로건을 골라 내 적어주세요.

● 네임 : 몸애사과

  태그라인 : 유기농 제철 사과만을 껍질째 착즙한 주스

  슬로건 : 건강하게 길러, 건강한 방법으로 만듭니다

A12.

워딩을 통해 제품 소개 내용을 적어보고 그 내용 안에서 '네임, 태그라인, 슬로건'의 콘텐츠를 정리하는 걸로 타깃, 경쟁사 상황, 미디어별 소구 포인트까지 고려한 기본 단계의 워딩 설정을 마친다.

━ 심화 단계 : 경쟁사가 이미 존재하는 과열된 시장에 브랜드를 론칭해야 하는 상황

내게 워딩 설정을 의뢰하는 대다수의 클라이언트는 심화 단계의 세팅이 필요한 경우가 많다. 제품·브랜드에 대한 콘셉트가 이미 잡힌 상태라도 수없이 많은 경쟁 브랜드와 제품이 존재하는 시장에선 묻히기 일쑤이다. 또한 새로운 콘텐츠를 만들어도 다른 제품·브랜드로 잘못 인지되기도 한다.

"나는 내 제품·브랜드에 대해 충분히 알고 있다", "앞선 단계의 질문에 답하며 제품·브랜드에 대해 정립하는 과정은 이미 지나왔다"라고 자신 있게 답할 수 있다면 아래의 표를 쉽게 작성할 수 있을 것이다.

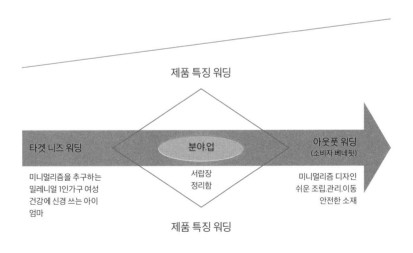

━ 분야와 업

제품과 브랜드의 '분야와 업'을 정의하는 자리다. 나의 제품·브랜드를 무엇이라 생각하고 있는지 어떻게 정의하느냐에 따라 워딩의 방향성이 크게 달라진다. 분야와 업에 해당하는 워딩은 추후 제품과 브랜드가 무엇인지 정의하는 태그라인의 기초가 된다.

━ 타깃 니즈 워딩

제품과 브랜드의 타깃이 어떤 특성을 갖고 있는지 정리한 워딩이다. 타깃의 특성을 구체적으로 정리할수록 다른 워딩을 잡는 과정이 순조롭고 카피를 완성도 있게 작성하는 데 도움이 된다.

예를 들어 '조립이 용이하면서 디자인이 뛰어난 서랍장'의 타깃 니즈 워딩을 잡는다고 가정해보자. '밀레니얼 세대, 여성, 아이 엄마'와 같은 단순히 타깃의 유형만을 얘기하는 워딩보다는 '미니멀리즘을 추구하는 밀레니얼 세대, 1인 가구 여성, 건강을 생각하는 아이 엄마' 등 구체적으로 타깃을 정리할 때 워딩의 효과는 배가 된다.

━ 아웃풋 워딩

제품·브랜드가 타깃에게 줄 법한 베네핏을 정리한 워딩이다. 베네핏은 타깃이 제품·브랜드를 통해 얻을 만족할 만한 결과다. 타깃이 제품·브랜드를 필요로 하고 구매하는 이유이기에 타깃 니즈 워딩에서 잡은 내용과 논리적인 연결성을 확인해봐야 한다. 위의 예시인 서랍장이라면 '쉬운 조립, 관리, 이동에 용이, 미니멀한 디자인, 깔끔함, 안전함' 등이 아웃풋 워딩으로 정리된다.

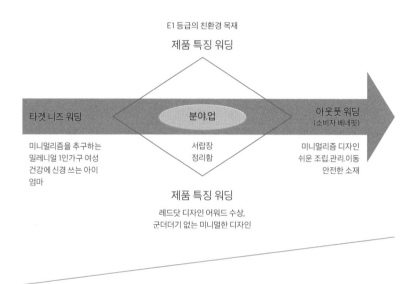

'특정 니즈를 가진 타깃(타깃 니즈 워딩)에게 제품·브랜드(분야와 업)를 통해 이런 베네핏(아웃풋 워딩)을 준다'라는 문장으로 설정한 워딩들이 유효한지, 논리적이고 합당한 워딩인지 확인해보자.

- 밀레니얼 세대를 만족시키는 미니멀한 디자인의 서랍장
- 1인 가구 여성도 쉽게 조립하고 관리하는 이동 가능한 서랍장
- 아이의 건강을 위해 물건을 깔끔하게 정리하고 머무는 공간을

관리해주고 싶은 엄마의 마음에 쏙 드는 안전한 서랍장

▬ 제품 특징 워딩

제품·브랜드만의 특징을 장점으로 드러내는 워딩이다. 응당 갖춰야 할 기본 조건을 제품 특징 워딩으로 잡는다면, 워딩을 콘텐츠에 담아 소비자에게 전달했을 때 별다른 특징이 없는 지극히 일반적인 제품·브랜드로 보여진다.

제품 특징 워딩은 특별한 기술이나 성분, 방법, 철학 등 경쟁사 대비 차별점을 담는 것이 좋다. 정해진 개수는 없다. 제품·브랜드의 특징이 하나뿐이라면 하나여도 괜찮다. 제품 특징 워딩은 먼저 본 타깃 니즈 워딩, 아웃풋 워딩과 연결되어야 한다. 타깃의 니즈를 채우는 아웃풋을 산출하는 데 있어 도움을 주는 것이 제품의 특징이기 때문이다.

워딩은 소비자에게 전하고픈 제품·브랜드에 대한 얘기를 이루는 주요 단어의 모음이기도 하다. 얘기가 전달되려면 이해가 되게끔 탄탄한 논리를 갖춰야 한다. '제품·브랜드가 갖춘 특징으로 타깃을 만족시키는 아웃풋을 만들자'라는 맥락을 갖도록 내용의 소재를 고르고 주제를 정하는 일이 워딩 설정이다. 설정이 잘 되었는지 확인하기 위해서 워딩을 넣어 짧은 글짓기를 해보는 편이 좋다.

제품은 미니멀리즘을 추구하는 밀레니얼 세대와 1인 가구 여성, 건강에 신경 쓰는 아이 엄마를 타깃으로 한 서랍장과 정리함인데요. 레드닷 디자인 어워드를 수상한 미니멀하고 실용적인 디자인을 갖춘 것은 물론, E1등급의 친환경 목재를 사용해 안전성까지 확보했습니다.

소개에 제품·브랜드에 대해 얘기하고자 했던 내용이 전부 담겨 있다면 워딩 설정을 성공적으로 마쳤다고 볼 수 있다. 위처럼 탄탄하게 워딩 설정을 끝낸 상태에서 제품·브랜드를 론칭한 후 다양한 콘텐츠를 통해 소비자에게 워딩을 남긴다면 어느 정도 인지도가 확보될 것이다.

하지만 마케팅은 여기서 해피 엔딩으로 끝나지 않는다. 인지도가 올라감에 따라 매출이 오르고, 차츰 경쟁사가 생기고, 경쟁이 과열된다면…. 어느 순간 시장에 새롭게 등장한 다른 경쟁사의 제품에 자리를 내줘야 할지도 모른다. 이런 날이 찾아오면 판단해야 한다. 제품·브랜드의 워딩을 새로운 소비자에게 강렬하게 남기고 기존 소비자가 다시 떠올릴 수 있도록 과감하게 마케팅 비용을 투입해 경쟁안에 뛰어들 것인지(다양한 광고 들을 만드는 것이다), 변화한 시장 상황에 맞춰 워딩을 새롭게 설정할 것인지 말이다.

한 프리미엄 카레를 예시로 살펴보자. '맛있는 카레는 사 먹는 거지'라는 생각이 팽배했던 시장에 구운 마늘과 양파로 맛을 내서 깊고 풍부한 맛을 선사하는 프리미엄 카레가 등장했다. 기존에 없던 제품의 형태로 아래와 같은 워딩이면 타깃에게 충분히 제품력을 소구할 수 있다.

하지만 시장은 언제나 변화무쌍하므로 최초로 나온 프리미엄 카레라도 경쟁자가 생겨나기 마련이다. 같은 타깃과 베네핏을 몸에 두른 후발주자가 자신을 더 어필하기 위해 다른 장점들을 내세우기 시작한다면 기존 카레 역시 상황에 유연히 대처하고자 새로운 워딩을 필요로 한다.

이때 론칭 초기에 말하지 못한 제품의 또 다른 장점을 꺼내는 것이 좋다. 제품은 그저 깊은 맛 하나만을 강조하는 프리미엄 카레가 아니다. 특별한 공법으로 만들어진 잘 녹는 카레로 요리하기도 편리하다. 오래 끓여서 맛을 내는 게 아닌 3분 카레만큼 간단하게 뜨거운 물에 3분 정도만 끓이면 깊은 맛을 내는 카레를 완성할 수 있다. '특별한 공법'이라는 새로운 제품 특징으로 '3분 만에 쉽게 끓일 수 있다'는 얘기까지 소구할 수 있게 됐다. 이처럼 경쟁사 대비 차별성을 확보해야 한다.

여기서 드는 의문은 '왜 처음부터 모든 제품 특징을 소구하지 않았나?'다. 론칭 초기에 제품·브랜드의 많은 특징을 소구하고 싶은 욕심이 드는 건 당연한 일이다. 이때 우리는 '과연 시장과 타깃이 모든 특징과 정보를 이해하고 받아들일 준비가 되어있는가', '제공하고 싶은 정보를 소비자가 이해할 수 있는가'를 고려해봐야 한다. 시장에 없던 생소한 제품이라면 소비자가 제품을 이해하고 구매하는 데는 시간이 필요하다.

구운 마늘 & 양파 등 재료

제품 특징

프리미엄 카레

아웃풋 워딩

사 먹는
카레전문점
카레 맛

아웃풋 워딩

깊고
풍부한 맛

제품 특징

***공법

현장 구입보다 온라인 쇼핑의 수요가 늘어나는 상황으로 시장이 변해 새로운 워딩 설정이 필요해지기도 한다. 또한 HMR(가정간편식, Home Meal Replacement) 시장과 밀키트 시장이 확대되는 추세라면 시장에 맞게 그저 그런 카레가 아닌 HMR의 한 종류로 소구하는 것도 새로운 시장에 대응하는 방법이 된다.

바뀐 상황에 대처하듯 다음 페이지 도표와 같이 제품의 본질과 업에 대한 워딩을 달리 설정한다면 타깃의 범위가 보다 넓어진다. '맛있는 카레를 먹고 싶은 사람'에서 '맛있으면서도 간단한 식사 준비가 필요한 사람'으로 말이다.

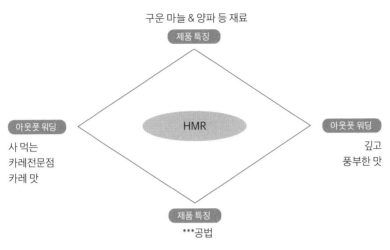

구운 마늘 & 양파 등 재료

제품 특징

HMR

아웃풋 워딩
사 먹는
카레전문점
카레 맛

아웃풋 워딩
깊고
풍부한 맛

제품 특징
***공법

식사 준비용 소스가 필요한 사람들에게
구운마늘과 양파로 맛을 낸 카레를 쉽게 조
리할 수 있게 하여
깊고 풍부한 요리를 즐길 수 있게 한다

워딩 설정은 무조건적으로 고정된 값이 아니다. 언제나 제품·브랜드·기업과 시장의 상황에 따라서 변할 수 있어야 한다. 중요한 건 변화에 알맞게 워딩 설정을 새롭게 하고, 제품과 브랜드가 나아가야 할 방향을 올바르게 잡는 것이다. 워딩을 제대로 적어놓아야 워딩을 바탕으로 작성한 카피와 콘텐츠가 방향을 잃지 않고 나아갈 수 있다.

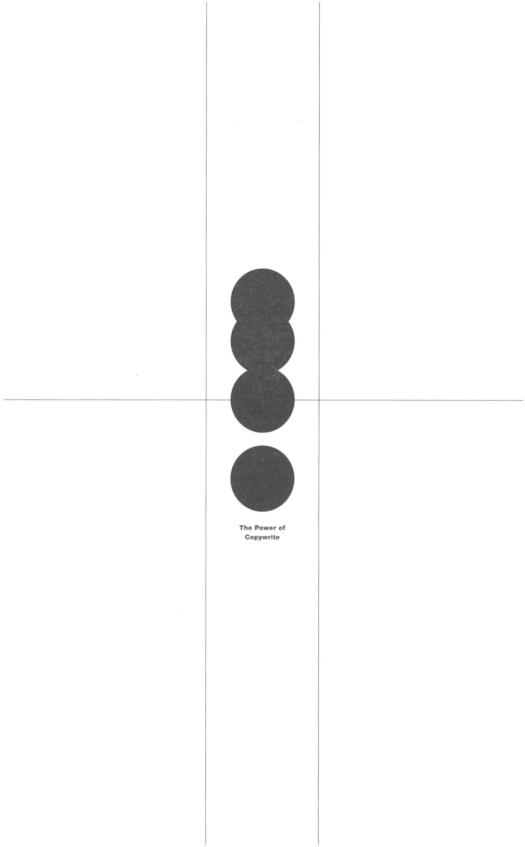

**The Power of
Copywrite**

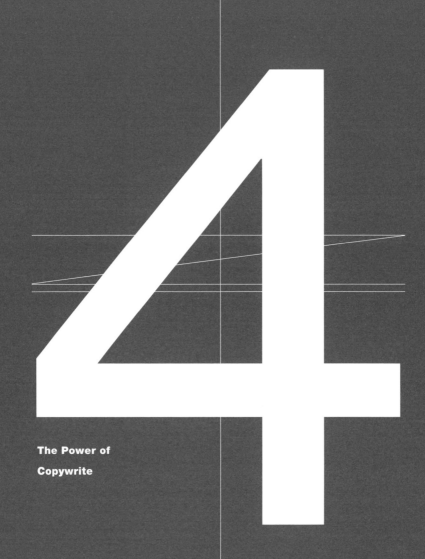

**The Power of
Copywrite**

써야 하는 카피는
이미 정해져 있더라
– 제대로 쓰되 쉽게 쓰는 법

① 카피라이팅 1단계 : 주제를 확인하고 자료를 요구해라

② 카피라이팅 2단계 : 단어를 나열해라

③ 카피라이팅 3단계 : 주제의 근거인 지지문장을 만들자

④ 카피라이팅 4단계 : 카피의 설계도인 종적문장을 만들자

⑤ 카피라이팅 5단계 : 횡적문장으로 분량에 맞춰 카피를 늘리자

⑥ 카피라이팅 6단계 : 카피를 정리하자

⑦ 카피라이팅 7단계 : 카피를 워싱하자

많은 이들이 카피에 대해 갖는 가장 큰 오해는 카피라이팅이 '창의적인' 작업이라고 생각하는 데 있다. 안타깝게도 카피에는 답이 있다. 다만 문제를 내는 클라이언트가 정확한 답을 알고 출제를 하는 게 아닌 탓에 알쏭달쏭함 사이에서 답을 찾아가는 여정이 창의력이 필요한 과정으로 보일 뿐이다.

클라이언트가 카피라이터에게 카피를 요구하는 목적이 있을 것이다. 예를 들어 세탁기 광고 영상의 카피를 작성하는 업무가 주어졌다고 해보자. 클라이언트는 기존 자사 제품이나 경쟁 제품 대비 세탁 속도가 훨씬 빠르다는 걸 강조하고 싶었고, 해당 내용을 30초 분량의 콘텐츠 안에 담아달라고 요청했다. 이미 써야 하는 카피 대목은 주어졌다. '빠른 속도의 세탁'이다.

세탁 속도가 빠르다는 얘기보다 디자인이 심미적으로 뛰어나다는 거로 마무리해야 타깃에게 더 어필된다는 판단이 들더라도 카피는 이견 없이 세탁 속도가 빠르다는 것으로 마쳐야 한다. 클라이언트가 요구한 게 답이고 진리다. 다른 답은 필요치 않다.

카피의 주인은 카피라이터가 아닌 클라이언트다. 나는 작가가 아니고 예술가와는 더더욱 거리가 멀다. 클라이언트의 요구로 쓰는 카피는 정해진 답을 찾아서 쓰는 것이다. 클라이언트가 원하는 걸 쓰고 나면 그에 상응하는 대가가 주어진다.

다만 카피는 주관식이라서 다방면의 답이 가능하다. 좀 더 멋지거나 기발하고 감동적으로 꾸며 답을 할 수 있다. 다양한 답으로 뻗어가는 갈래가 있어 카피라이터는 카피를 여러 개 쓰고 지워가며 답을 찾는다. 답에 대한 방향 감각이 있는 카피라이터는 종종 '크리에이티브하다'라고 창의성을 인정받기도 한다. 나는 창의적이라는 칭찬 보다는 '핵심을 정확하게 파악했다', '논리적이고 체계적이다', '클라이언트와 소비자의 의중을 잘 알아맞히는 독심술이 있다', '신묘한 이해력이 있다'와 같은 평가를 받기를 더욱 원한다.

핵심을 정확하게 파악했다는 소리를 들으면 클라이언트가 요구한 답에 딱 맞는 근거를 찾아 논리적으로 설득하는 카피를 쓴 것이다. 논리적인 카피를 쓰기 위해서는 제품에 대해 심층적으로 이해하기 위한 자료 분석 능력이 필요하다. 어떤 자료가 부족하고 필요한지 전반적인 상황 이해력이 높을수록 논리적인 카피를 쓰는 데 유리하다.

마치 독심술 같은 신묘한 이해력이 있다는 칭찬을 받으려면 경쟁사와의 관계에서 클라이언트의 현재 상황을 잘 살핀 후, 가려운 곳을 딱 긁어주는 카피를 써야 한다. 제품 사용 상황에 있어 소비자의 니즈를 잘 잡아내 머릿속에 이미지가 저절로 그려지는 카피를 적을 수 있어야 한다.

클라이언트가 요구한 카피가 일종의 문제고, 결과물인 카피가 답이라면 문제를 푸는 방법 역시 존재해야 한다. 지금부터 논리적이면서도 공감되는 카피를 쓰는 방법을 각 단계에 따라 소개한다. 이를 통해 카피를 쓰다보면 어느새 카피는 '창의의 영역이 아니라 답이 있는 영역', '예술의 영역이 아닌 노동의 영역'이라는 내 주장에 동의하게 될 것이다. 누구나 열심히 하면 꽤 좋은 카피를 완성할 수 있다. 천재 카피라이터가 아니라도 근면성실한 카피라이터는 좋은 카피를 쓸 수 있다.

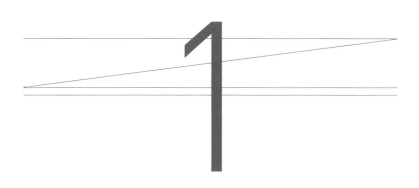

카피라이팅 1단계 :
— 주제를 확인하고 자료를 요구해라

카피를 쓰기 전에 맨 먼저 해야 할 일은 어떤 카피를 써야 하는지 짚고 넘어가는 것이다. 다르게 말해 명확한 주제를 파악하는 일이다. 내 제품과 브랜드에 카피를 쓰는 경우라면 주제가 확실히 정해진 건지 스스로 짚고 넘어가야 한다. 클라이언트가 의뢰한 카피를 쓴다면 클라이언트가 건네준 주제가 명확한지 확인해보는 것이 좋다.

'주제가 명확히 있는지 확인해야 한다'는 명제 자체가 이해하기 어려울 수 있다. 어떤 카피를 써야 할지 정해지지 않은 채로 막연히 쓰기 시작한다면 카피는 어떠한 방향으로든 써질 수 있다. 이는 카피를 제대로 쓰고 있는 건지 가늠할 수 없게 된다는 의미이기도 하다. 좋고 나쁨을 판단하기 어려운 모호한 상황이 된다는 것이다.

예를 들면 이렇다. '카카오톡 선물하기'에 몸애사과가 입점했다. 입점 기념으로 할인 행사까지 하고 있다. 기세를 몰아 연말을 겨냥한 행사를 기획해야겠다고 결심한 대표가 행사 홍보 콘텐츠를 카피라이터에게 의뢰했다.

위의 상황은 아직 카피의 주제가 정해진 것이 아닌, 그저 카피를 써야 할 배경이 생긴 것뿐이다. 이러저러한 배경에 의해 카피를 써야 할 필요성이 생겼다고, 주제가 도출된 이유를 설명하고 있는 이 단계에서 카피를 쓰기 시작한다면, 이 상황에서 써지는 카피 역시 배경만 겉돌다 끝나거나 배경이 된 모든 상황을 다 짚어보아야 끝날 수 있다.

카피를 쓰는 게 어렵다고 말하는 사람들의 얘기를 듣다 보면 어떤 주제의 카피를 써야 하는지 정해지지 않은 상태에서 카피를 쓰기 시작했다가 쓰고 지우기를 반복하며 오랫동안 헤맨다. 고생한 만큼 카피 쓰기가 어렵게 느껴지겠지만 최종 종착지가 없는 카피는 다 쓰고 나서도 '다 썼다! 마음에 든다!'라고 생각하기 힘들다.

클라이언트에게 카피를 의뢰받아 쓰는 경우라면 이런 상황은 더 큰 문제를 야기한다. 클라이언트 스스로 명확한 주제를 정하지 못하면 카피의 근거가 되는 자료를 줄 수 없어서 카피라이터는 모호한 정보만을 갖고 일을 시작하게 된다. 이렇게 적어낸 카피가 한 번에 클라이언트 마음에 들 확률은 아주 낮다.

　심지어 몇몇 클라이언트는 완성된 카피를 보고 나서야 '이 방향이 맞나? 저 방향이 맞나?' 고민을 시작하기도 한다. 카피를 의뢰하기 전에 마쳤어야 할 고민을 뒤늦게 하는 셈이다. 완성된 카피를 보면서 어떤 주제가 좋을지, 어떤 콘텐츠를 만들어야 할지 정하는 클라이언트를 보면 굉장히 난처하다.

　이럴 때면 난 차라리 내가 만드는 게 카피가 아니라 김밥이었으면 좋겠다는 생각을 한다. 어떤 손님도 먹고 싶은 김밥을 일단 이것저것 시켜보고 나서 선택하지 않는다. 본인이 먹고 싶은 메뉴를 결정하고 김밥을 시킨다. 설사 자신이 고른 참치김밥을 먹다가 소고기김밥이 더 땡겼다는 걸 깨닫게 되더라도 김밥집 사장을 원망하지 않는다. 어떤 김밥이 먹고 싶은지 미리 메뉴를 결정하고, 주문한 뒤, 김밥을 말기 시작하는 것처럼 어떤 카피가 필요한지 주제를 확실하게 하고, 카피를 써야 한다. 그렇게 하지 않으면 자꾸만 방향을 틀어 새로운 카피를 쓰게 될 것이다.

보통 프로젝트 단위로 카피를 의뢰받기 때문에 카피를 여러 개 쓰더라도 돈은 똑같이 받는 경우가 허다하다. 문제는 여기서 끝나지 않는다. 여러 개 많이 쓰는 수고는 수고대로 들어가고, 클라이언트의 마음에 드는 카피를 빨리 쓰지 못했다는 이유로 카피를 못 쓴다는 평가를 받기도 한다.

예시로 돌아가 내가 몸애사과의 일을 대행하는 카피라이터라면 주제를 명확하게 하고, 충분한 근거와 자료가 주어질 때까지 카피를 쓰지 않을 것이다. 클라이언트에게 연말연시를 맞아 어떤 행사를 할 건지 관련해서 정확한 내용 설명을 듣는다. 행사를 홍보하기 위해 어떤 미디어를 사용할 것이고, 그에 알맞은 카피의 형태는 무엇인지 확실히 확인한다. '왜 연말에 몸애사과를 홍보해야 할까?', '연말 선물로 몸애사과가 왜 좋을까?', '소비자 입장에서 장점은 무엇인지?' 등의 질문을 할 것이다.

여러 가지 카피를 받고 싶은 클라이언트라면 추가된 카피의 방향과 개수만큼 견적을 요구한다. 견적이 합의되지 않는다면 카피의 방향을 좁혀달라고 얘기한다. 방향이 좁혀지지 않으면 클라이언트 스스로 좁힐 수 있을 때까지 시간을 준다. 나열한 행동에 대한 결과로 써야 할 카피에 반영해야 하는 주제를 클라이언트로부터 정확하게 받아낸다. 그리고 나서 카피 쓰기에 돌입한다.

카피 업무의 방향과 주제를 명확히 하기 위해 클라이언트가 애초에 제공했어야 하는 내용이 바로 OT(Orientation)다. 카피 쓰기를 새롭게 시작하는 카피라이터는 OT 브리프의 필요성을 느끼기 어렵다. 스스로 OT 브리프의 필요성을 느끼지 못하니 클라이언트에게 요구할 수도 없다. OT 브리프는 클라이언트와 카피라이터가 서로가 한 약속이고, 방향을 잃지 않게 돕는 일종의 계약서가 되어준다.

몸애사과 short term 매출 확장 캠페인 브리프

202n. n. n.
몸애과일 사업개발팀 / 미디어콘텐츠팀

● Client : 몸애사과

● Campaign Period : 202n년 n월 ~ n월

● Campaign Background & objective

<Background>
① 코로나 이슈로 인한 연말연시 선물세트 고객 감소 → 카카오톡 선물하기 입점
② 브랜드 커뮤니케이션 활동 정체 & 경쟁사의 공세적 마케팅 집행 등으로 전년 대비 매출 감소 폭이 점차 확장되는 추세

\<Objective\>
고객들에게 몸애사과 브랜드를 'remind', 'consideration set'에
재진입
+ 할인 쿠폰 지급 프로모션 등을 통한 이용 의향 제고 및 행동 촉발
→ 선물하기 주문 및 전체 매출 상승 견인

■ Target
① 35-44 가족을 꾸린 세대 또는 매스(mass) 타깃
② 13-19 MZ 세대

■ Campaign Theme & Key Message (예시)
기존 몸애사과 메시지
'달콤한 활력을 마시다'를 변형,
'달콤한 활력을 선물하세요'로 커뮤니케이션 진행

① 건강 / 활력 / 응원
홍삼이나 영양제 같은 뻔한 선물이 아닌,
상큼하고 달콤한 새로운 건강 선물

② 마음(사랑과 안부)을 나누는 달 12월 / 새해 인사를 나누는 달 1월
몸애사과가 연말연시를 맞아 준비한 고객 감사 프로모션

③ 파격 할인
이제껏 본 적 없는 몸애사과의 역대급 할인 (60개입 세트 기준, 51%
할인)

■ Promotion Benefit (가안)
카카오톡 선물하기 특별 프로모션

60개입 세트 기준, 51% 할인 (100ml X 60포) 30,000원 →
14,700원
몸애사과 브랜드 최초, 반값 이상 할인

■ Media Guideline / Campaign Flow (예시)
- 자사 인스타그램 내 프로모션 피드 업로드
- 카카오톡 배너 및 카카오 비즈보드 등 카카오톡 중심의 미디어 믹스
구성을 통한 임팩트 전달 및 CTA(call to action, 사용자의 반응을
유도하는 행위나 요소) 극대화

■ 고려사항
- 반값 이상의 할인이지만, 너무 저렴해 보이거나 자극적인 메시지
활용은 지양

■ 일정
- n/1 : 1차 시안 공유
- n/3 : 시안 확정 및 배리에이션 적용 매체 확정
- n/5 : 매체별 소재 집행

위의 내용은 OT 브리프의 예시다. 이런 문서를 줄 수 없는 클라
이언트라면 카피라이터가 질문을 통해 필요한 내용을 채울 필요가
있다. 만약 내 제품·브랜드를 위한 카피를 쓰는 사람이라면 카피를
쓰기 전 위와 같은 가이드를 만들어 보는 것이 좋다.

홍삼 / 영양제 등의 흔한 선물과의 선 긋기

"인생 참 쓰다"

그 인생 힘내라고

더 달콤하고
더 상큼한 선물을

활력을 전하는 착한 선물

달콤한 활력을 선물하세요
몸애사과

연말연시 선물로 몸애사과 어필

"올해도
네 덕분에 달콤했어
SWEET NEW YEAR"

연말이니까
새해니까

사랑한다고 힘내라고 복받으라고
달콤한 안부와 상큼한 감사를

선물하세요

달콤한 활력을 선물하세요
몸애사과

(C안)
역대급 할인 어필

제철사과의
달콤 상큼한 맛
영양과 건강을
통째로 착즙!

이 모든 걸
기쁘게 통 크게
반값 이상의
역대급 할인으로

카카오톡

선물하기로
쉽게 편하게

하지만 OT 내용을 바탕으로 명확한 주제의 카피를 적는다 한들 모든 카피가 성공적으로 완성되는 것은 아니다. 그래서 카피를 쓰기 전에 주제에 알맞은 충분한 근거와 그에 해당하는 자료가 있는지 클라이언트와 함께 미리 짚어봐야 한다.

A안을 클라이언트에게 보여줬을 때 클라이언트가 할 수 있는 질문에 대해 생각해보자.

질문) '인생 참 쓰다'라는 카피만으로 '우리는 인생도 쓴데, 영양제까지 홍삼처럼 쓴 것만 먹는다'는 의미가 잘 전해질까요?

클라이언트가 이런 질문을 한다면 해당 피드백을 받아들이고, 다음과 같이 수정해본다고 얘기할 수 있을 것이다.

답변) 그럼 쓴 홍삼 대신 달콤한 몸애사과를 선택할 수 있다는 것이 분명하게 드러나게끔 '몸애사과가 홍삼의 대안이 될 수 있다'는 직접적인 카피를 반영해서 수정해볼까요?

C안에 대한 질문도 예상해보자.

질문) '반값 이상의 역대급 할인'이라는 카피를 써도 될까요? 몸애사과가 반값 이상 할인하는 게 처음이기는 한데…. 다른 사과주스 가격 안 찾아보셨나요? 몸애사과가 다른 사과주스 대비 가격이 저렴한 건 아니거든요.

클라이언트가 건네준 자료 내용에 '역대급 할인'에 관해 적혀 있어 시안에 반영한 건데 이런 질문을 들으니 당황스러울지도 모른다. 하지만 클라이언트는 예시 카피를 받고 나서야 해당 카피가 콘텐츠로 만들어진 상황에 대해 부담을 느낄지도 모른다. 명백히 문건이 사전에 공유되었음에도 이런 일은 충분히 생길 수 있는 문제다. 그러므로 OT 브리프 없이 구두로 전달된 내용만으로 카피를 쓰기 시작한다면 더욱 다양한 문제가 발생할 수 있다.

이런 문제들은 카피라이터가 브랜드의 자료 조사를 덜하거나 경쟁 제품에 대해 더 깊이 찾아보지 않고 카피라이터가 경험이 없어서 생기는 것이 아니다. OT 브리프를 제공한 클라이언트가 자료를 쓸 당시 다각도로 충분히 고민해보지 않아서 발생한 문제인 것이다.

브랜드와 경쟁사의 자료, 시장 상황 등은 이제 막 일을 받은 카피라이터보다 클라이언트가 훨씬 깊게 파악하고 있을 것이다. 카피라이터는 이 내용을 전달받기만 하면 된다.

하지만 카피라이터는 OT 브리프에 표현된 것보다 더 자세하고 면밀하게 살펴야 한다. 제품과 브랜드에 대해 이미 깊이 알고 있는 클라이언트는 카피라이터가 당연히 알 거라고 생각하며 빼먹는 부분이 있기 마련이다. 때문에 나중에 자료에서 문제가 될 수 있는 점을 정확히 짚어서 클라이언트에게 정확한 답변과 자료를 요구할 줄 알아야 한다.

카피라이터가 갑을 관계가 아닌 동등한 입장으로 클라이언트에게 냉정한 질문과 정확한 요구가 가능한 시점은 OT 브리프를 건네받기 전까지다. 이때는 클라이언트가 카피라이터를 설득하는 입장이기 때문이다. 하지만 이후부터는 관계가 뒤바뀌기 때문에 추가로 질문하고 요구하는 것이 뒤늦은 질문처럼 치부될 수도 있다. 카피라이터의 능력과 자질을 비난받지 않도록 프로젝트를 냉정하게 파악하고 미리 질문하자.

나는 카피는 목적을 달성하는 글쓰기라는 걸 강조해왔다. 카피가 다른 글쓰기와 궤를 달리하는 지점은 목적이 분명히 존재하는 데 있다. 그러니까 카피를 잘 쓰는 게 목표라면 목적이 무엇인지 분명히 파악하고 목적을 달성하는 데 힘을 쏟아야만 한다. 그렇기에 목적을 파악하기 위한 OT 브리프를 받는 과정에 충분한 시간을 투자하는 것이 좋겠다.

몸애사과 short term 매출확장 캠페인 브리프 질문 및 자료 요청 리스트

<Background>
1) 코로나 이슈로 인한 연말연시 선물세트 고객 감소 → 카카오톡 선물하기 입점

→ 코로나 이전엔
몸애사과가
연말연시 선물세트로 많이 팔렸었나요?

→ 코로나로
모임을 갖지 않는 것이
판매 저조의 이유라고 생각하시나요?

→ 홍삼이나 다른 면역력 제품들은
코로나 이슈에 대해 오히려 적극적인 마케팅을
펼쳤던 거 같은데
몸애사과도 '면역력'과 같은 제품 장점이 있을까요?

→ 카카오톡 선물하기 외에
몸애사과 선물세트를 살 수 있는
또 다른 판매처가 있나요?

→ 카카오톡 선물하기에 입점했다는 자체를
강조해야 할까요?

어느 정도의 비중으로 강조하는 것이 좋을까요?

2) 브랜드 커뮤니케이션 활동 정체 & 경쟁사의 공세적 마케팅 집행 등으로 전년 대비 매출 감소폭이 점차 확장 되는 추세.

→ 지난 브랜드 커뮤니케이션 사례 및 현재 경쟁사의 마케팅 집행 사례 등의 자료를 요청드립니다.

● Campaign Theme & Key Message(예시)
기존 몸애사과 메세지
"달콤한 활력을 마시다"를 변형,
"달콤한 활력을 선물하세요."로 커뮤니케이션 진행

→ '달콤한 활력을 마시다'라는 기존 키 메시지에서
'활력'의 근거는 무엇인가요? (면역력, 비타민 함유 등)

3) 파격 할인
이제껏 본 적 없는 몸애사과의 역대급 할인.(60개입 세트 기준, 51%할인)

평소 몸애사과 가격이 다른 사과주스 대비 높은 편이었다면

→ 파격 할인이 소비자가 체감하기에도 큰 할인인가요?
평소 몸애사과 가격이 다른 사과주스 대비 높은 편이었다면
이번 할인을 몸애사과를 부담 없이 경험해 볼 수 있는
특별한 기회로 커뮤니케이션하는 게 더 낫지 않을까요?

→ 자사 인스타그램에 프로모션 피드 중
효율이 좋았던 사례를 제공 부탁드립니다.
어떤 점 때문에 효율이 좋았다고 생각하시나요?

● Media Guideline / Campaign Flow(예시)
-자사 인스타그램 내 프로모션 피드 업로드
- 카카오톡 배너 및 카카오 비즈보드 등 카카오톡 중심의 미디어
믹스 구성을 통한 임팩트 전달 및 CTA 극대화

→ 카카오톡 배너 등 기존 커뮤니케이션했던
광고 집행 사례가 있다면 보내주세요.
타사에 잘 됐다고 생각한 사례가 있다면 보내주시고,
어떤 점에서 그렇게 생각하시는지 말씀해주세요.

● 고려사항
- 반값 이상의 할인이지만, 너무 저렴해 보이거나 자극적인
메시지 활용은 지양

→ 지렴해 보이거나 자극적이라고 생긱하는 기준이 어떤 걸까요? '저렴해 보이고, 자극적인', '저렴해 보이지 않고, 자극적이지 않은' 각각의 기준이 될 수 있는 타사 사례 등을 보여주실 수 있다면 좋을 것 같습니다.

카피라이팅 2단계 :
— 단어를 나열해라

명확한 주제와 충분한 근거를 갖췄다면 이제 카피를 쓸 본격적인 준비를 할 시간이다. 마치 요리를 만들기 전 재료를 준비하는 것처럼 말이다. 된장찌개를 끓일 때 냄비부터 불 위에 올리고 재료 준비를 시작하는 사람은 없다. 할 요리가 정해졌다면 여기에 필요한 재료를 준비하는 것이 먼저다. 모든 재료 준비를 마쳤을 때 요리는 시작된다. 카피의 주제가 정해졌다고 일단 문장부터 쓰기 시작하는 건 성급한 태도다. 카피를 쓰는 데 필요한 재료인 카피를 이루는 단어들을 먼저 준비해보자.

카피에 쓰일 단어를 준비하기 위해서 이 프로젝트의 주된 워딩이 무엇일까를 먼저 생각해보자.

주제 : 달콤한 활력을 선물하세요.

근거 : '인사와 안부를 전하는 연말연시니까', '카카오톡 선물하기에 입점해 쉽게 선물할 수 있으니까', '행사까지 해 저렴하게 살 수 있으니까' 등이 있다.

달콤한　활력　선물　연말　연시　할인

주제와 근거를 바탕으로 워딩을 찾아낸다. 찾은 워딩으로 카피를 이루는 단어들을 나열하는 것이다. 1분 분량의 카피를 작성한다고 가정했을 때, 50~100개 정도의 단어를 나열해보는 편이 좋다.

카피력

달콤한	활력	선물	연말연시	할인
달달한	에너지	감사	아쉬움	세일
스윗	힘	축하	보내다	특가
상큼한	동력	사과	맞이하다	특별한
달콤상큼	질주	안부	기대	스페셜
설탕	응원	정성	품다	희귀한
슈가	기운	마음	결심	파격
휴식	펄펄	인사	약속	역대급
힐링	원기	상자	시작	대박
쉼표	회복	포장	새로운	기분 좋은
살살	보약	반짝이	NEW	넉넉한
사르르	약	카드	아듀	풍성한
말랑	영양제	리본	안녕	가치있는
말캉	보양	산타	후회	앗싸
녹는	보완	크리스마스	추억	와우
멜팅	보충	굴뚝	기억	득템
눈	충전	설날	노을	찬스
아이스크림	북돋는	새해	석양	기회
케이크	지지	복주머니	황혼	이득
설레는	지원	용돈	종	행운
로맨틱한	빽	리스트	해돋이	베네핏
기분 좋은	뒷배	챙기다	새벽	부담 없는
미소	내편	살뜰히	동이트다	접근 가능한
웃음	가족	유용한	태양	시도
싱그러운		기념	솟아오르다	

단어 나열 단계에서 가장 많이 하는 실수는 사전을 이용해 유사한 단어를 찾는 것이다. 유의어, 빈의어에서 해당 단어의 영어, 일본어, 불어 같은 외국어까지. 사전에서 찾은 단어들은 카피를 쓰는 데 큰 도움이 되지 않는다. 나열된 단어들은 기준이 되는 워딩으로부터 느낌이나 이미지 등으로 연상이 되는 단어여야 한다. 생각만으로는 20개 이상의 단어를 채우는 게 어려울 수 있다. 그럴 땐 다른 이들의 글에서 도움을 받아보자. 내가 주로 활용하는 방법은 '브런치(brunch.co.kr)'를 참고하는 것이다.

이곳은 글 쓰는 걸 좋아하고 잘 쓰는 사람들의 글을 한데 모아 놓은 사이트다. 예를 들어 '선물'이라는 워딩의 연상 단어들을 나열하고 싶다면 브런치 검색창에 선물을 검색해보는 것이다. 그럼 검색 결과로 선물이라는 단어를 주제로 하고 있거나 선물이라는 단어가 포함된 다양한 글들의 섬네일이 보인다. 섬네일과 본문을 읽어가며 단어를 수집하면 된다.

① 브런치 접속

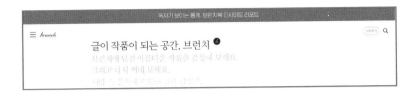

② 검색 창

③ 워딩 검색

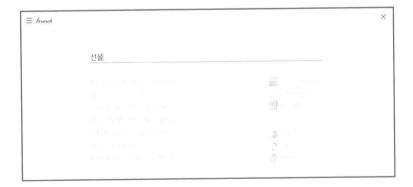

④ 워딩을 포함한 섬네일

⑤ 섬네일과 본문에서 단어 수집

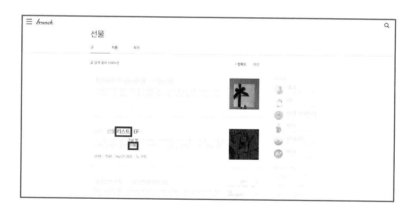

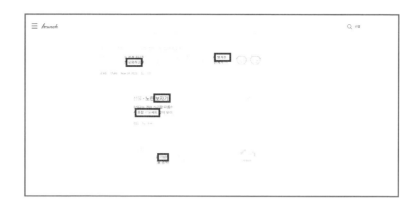

선물을 검색하고 '선물 리스트', '인형', '챙겨주다', '유용한', '보자기', '기념' 등 발견한 단어들을 모은다. 검색 외에도 '챙겨주다'라는 단어에서 '살뜰히'라는 다른 단어를 떠올릴 수 있듯 검색을 통해 발견한 단어는 다른 단어들을 연상하는 발판이 되어주기도 한다. 검색은 단어를 나열하는 방법이고 글을 쓰기 전 주제의 이미지와 심상을 보다 풍부하게 만들어주는 과정이다. 어떤 검색 채널이든 좋다. 단어를 찾고 나열하는 작업은 카피를 쓰는 데 도움이 될 것이다.

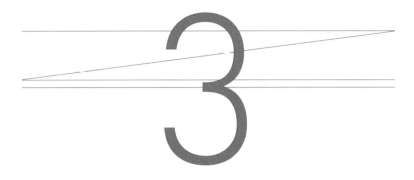

카피라이팅 3단계 :
— 주제의 근거인 지지문장을 만들자

'카피를 쓰는 일이 크리에이티브의 영역이라기보단 노력의 영역에 가깝다'라고 자신 있게 말할 수 있는 건 카피라이팅 1, 2단계를 잘수행했는지에 따라 카피의 완성도가 확연히 달라지기 때문이다. 하지만 '지지문장'을 만드는 3단계에선 창의력과 문장력이 뛰어난 사람이 유리하다.

지지문장이란 주제를 지지하고 주제의 근거가 되는 문장을 의미하며, 카피라이팅의 방법론을 설명하기 위해 내가 만들어낸 용어이기도 하다. 우리는 OT 단계에서 카피의 주제와 주제의 근거를 받았다. 이를 바탕으로 카피라이터는 주제를 탄탄하게 받쳐줄 지지문장을 만들면 된다.

(1) 우리에겐 '달콤한 활력을 선물하세요'라는 주제가 있고 이 주제를 뒷받침하는 근거 세 가지가 있다. 우리는 이 주제와 근거를 바탕으로 한 워딩에서 연상된 단어들을 나열했다.

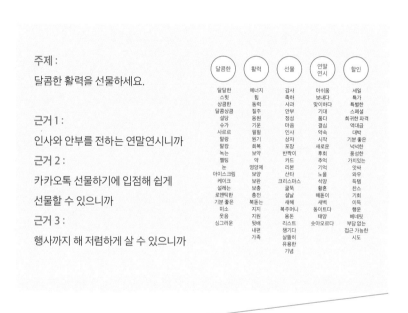

(2) 각 근거에 가장 잘 맞는 워딩을 연결한다. 물론 이 워딩들은 전체 주제를 아우르고 있어 한 워딩이 하나의 근거 문장에만 연결되는 것은 아니지만, 가장 적합한 워딩 한 가지를 골라서 연결해보자.

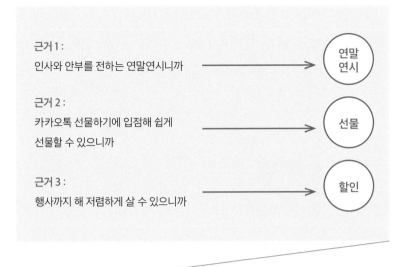

근거 1 :
인사와 안부를 전하는 연말연시니까 → 연말연시

근거 2 :
카카오톡 선물하기에 입점해 쉽게 선물할 수 있으니까 → 선물

근거 3 :
행사까지 해 저렴하게 살 수 있으니까 → 할인

(3) 각 워딩에 나열된 단어들을 살펴보면서 근거 문장의 글감이 될 수 있는 단어를 골라보자. 이 과정에선 평소에 읽고 본 모든 게 도움이 된다. 이 순간만큼은 풍부한 상상력과 넘치는 센스, 자신만의 촉을 사용할 때다.

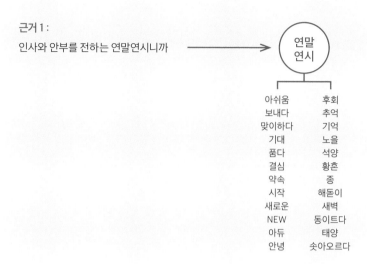

근거 1 :
인사와 안부를 전하는 연말연시니까

연말
연시

아쉬움　　　후회
보내다　　　추억
맞이하다　　기억
기대　　　　노을
품다　　　　석양
결심　　　　황혼
약속　　　　종
시작　　　　해돋이
새로운　　　새벽
NEW　　　　동이트다
아듀　　　　태양
안녕　　　　솟아오르다

　　나는 첫 번째 근거 문장의 '연말연시' 워딩에 나열된 '안녕'이라
는 단어를 선택했다. 만나거나 헤어질 때 사용하는 '안녕'이라는 단
어가 보내고 맞이하는 '연말연시'와 잘 어울린다고 생각했다. 내가
좋은 카피를 쓸 수 있을 듯한 감이 오는 단어로 지지문장을 완성해
보자.

　　(4) '안녕'이란 단어가 들어간 지지문장을 구상한다. 지지문장은
사람들이 한 번에 이해하고 공감할 수 있는 문장이 베스트다. 이런
문장은 대체로 어디선가 봤거나 들어본 적이 있을 확률이 높다. 예

를 들어 속담이나 명언, 표어, 유명한 대사, 밈으로 쓰이는 유행어, 노래 제목과 가사 등을 차용하는 것이다.

나는 '안녕'이란 단어에서 〈안녕이란 말 대신〉이라는 노래 제목이 맨 먼저 떠올랐다. 또는 《작별하지 않는다》라는 유명 소설 제목을 '안녕하지 않는다'로 바꾸어 보는 건 어떨까 생각했다. 〈뭉치면 찬다〉라는 예능 제목을 '뭉치면 더 안녕'이란 문장으로 바꿔보기도 하고, '나 ** 좋아하네'라는 밈을 '나 안녕 좋아하네'라고 쓰기도 했다. 이렇게 쓴 지지문장들을 주제문장과 연결해보면서 OT 자료 내용에 알맞은 걸 찾는다.

(1) 안녕이란 말 대신, 마음을 담아 전하세요. - 달콤한 활력을 선물하세요.

(2) 뭉치면 더 안녕하니까, 많이 살수록 더 부담 없는, 나눌수록 더 커지는 달콤한 안녕을 전하세요. - 달콤한 활력을 선물하세요.

(3) 나 안녕 좋아하네. 내가 사랑하는 모두가 안녕하도록 - 달콤한 활력을 선물하세요.

카피력

(2)의 경우 '뭉치면 더 안녕하니까'와 '달콤한 활력을 선물하세요'라는 말을 유기적으로 연결하기 위해서는 중간에 많은 문장이 필요하다. (2)를 선택하기엔 카피가 길어질 수밖에 없다.

결국 (1)과 (3)을 놓고 보았을 때 더 많은 사람이 쉽게 이해할 수 있는 문장을 선택해야 한다. 카피의 타깃이 10~20대로 한정되어 있었다면 밈을 활용한 (3)을 골랐을 것이다. 하지만 연말연시 선물을 주고받는 대상은 보다 높은 연령대로, 두루 공감할 수 있는 (1) '안녕이란 말 대신, 마음을 담아 전하세요'를 지지문장으로 결정했다.

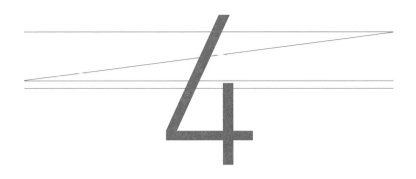

카피라이팅 4단계 :
— 카피의 설계도인 종적문장을 만들자

건축가는 건물이 구조적으로 튼튼한지, 세웠을 때 아름다운지 등을 설계도를 그려서 미리 가늠한다. 이처럼 카피라이터도 카피를 쓰기 전 '종적문장'을 만들어 카피가 논리적인지, 분량 안에 들어오는지 파악해야 한다.

(1) 주제문장(끝)-지지문장(앞) 고정하기

카피의 설계도를 짤 때 필요한 기본 재료는 주제문장과 지지문장이다. 우리는 주제문장과 지지문장을 맨 끝과 맨 앞에 고정하고 설계를 해나갈 것이다. 주제문장을 맨 뒤에 배치하는 이유는 대부분의 카피가 두괄식이 아닌 미괄식이기 때문이다.

안녕이란 말 대신, 마음을 담아 전하세요. - 지지문장
달콤한 활력(몸애사과)을 선물하세요. - 주제문장

(2)고정된 지지문장 ─ 주제문장 사이에 종적문장 배치하기

고정된 지지문장과 주제문장 사이에 종적문장을 배치한다. 종적문장은 '앞 문장에 종적으로 속한 문장', '앞 문장이 있기에 생겨난 문장'을 의미한다. 앞에 지지문장인 ⓐ'안녕이란 말 대신, 마음을 담아 전하세요'가 있어서 쓸 수 있는 ⓑ문장을 쓴다. 그럼 ⓑ문장이 ⓐ문장의 종적문장이 되는 것이다.

그렇게 ⓑ문장을 썼다면 ⓑ문장에 종적문장인 ⓒ문장을 쓴다. ⓒ문장은 내용이나 순서를 봐도 ⓑ문장에서 생겨난 문장으로 ⓑ문장의 종적문장인 것이다. 계속해서 같은 방식으로 종적문장을 써나간다. 논리적으로 주제문장에 도달해서 주제문장이 마지막 종적문

장의 결론이 되어줄 때까지 말이다.

안녕이라는 말 대신
마음을 담아 전하고 싶다.   ←——————— 지지문장

ⓐ안녕이라는 인사는 너무 일상적이니까.

ⓑ마음을 담을 수 있는 무언가가 필요하다.

ⓒ달콤하게. 힘을 건넬 수 있는 무언가.

ⓓ달콤하면서도 활력을 담고 있는 몸애사과 같은 선물!

달콤한 활력, 몸애사과를 선물하자.   ←——————— 주제문장

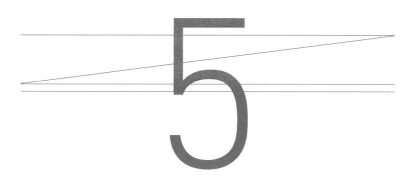

카피라이팅 5단계 :
— 횡적문장으로 분량이 맞춰 카피를 늘리자

종적문장을 적어 카피를 작성할 수 있는 뼈대가 완성되었다면 이미 반 이상 카피를 써낸 것이다. 이제 알맞게 카피를 늘려서 분량을 채우면 카피가 완성된다. 카피를 풍성하게 늘리려면 '횡적문장'을 써야 한다. 횡적문장이란 같은 의미 선상에 놓인 문장을 의미한다. 종적문장이 앞 문장과 종속 관계를 맺고 있다면, 횡적문장은 앞 문장과 동등한 관계를 갖는다.

우리는 유사한 의미의 단어를 대체해 비슷한 뜻을 가진 다른 문장을 얼마든지 작성할 수 있다. '나는 지금 배가 고프다'라는 문장을

'나는 지금 허기지다', '나는 출출한 상태다', '뭐든 먹을 수 있는 상태다', '나는 지금 입이 궁금하다'처럼 횡적문장으로 나열할 수 있다는 말이다.

횡적문장을 만드는 방법은 다음과 같다. (1) 기본 문장에서 뺄 수 있는 단어들을 빼본다. (2) 문장을 이루고 있는 의미를 추출해본다. (3) 문장을 이루고 있는 단어들을 다른 단어로 교체해본다. 세 가지 방식을 통해 '안녕이라는 말 대신 마음을 담아 전하고 싶다'라는 전체 카피의 지지문장에 대한 횡적문장을 만들어보자.

(지지문장)안녕이라는 말 대신 마음을 담아 전하고 싶다. : 기본문장

지지문장ⓐ 안녕이라는 말보다 마음을 전하고 싶다. : 기본문장의 횡적문장
지지문장ⓑ 말은 마음을 다 담을 수 없다. : 기본문장의 횡적문장
지지문장ⓒ 언어는 좁다. 언어라는 세계는 작다. : 기본문장의 횡적문장
지지문장ⓓ 말은 얇고 때론 가볍다. 말이라는 세계는 그렇다 : 기본문장의 횡적문장

지지문장ⓐ는 방법 (1)로 문장의 길이를 줄여서 만든 횡적문장이다. 지지문장ⓑ는 방법 (2)로 지지문장의 의미를 추출한 문장이다. 지지문장ⓒ는 ⓑ의 의미를 다시 추출한 횡적문장이다. 지지문장ⓓ는 지지문장ⓒ의 단어를 교체하는 방법 (3)으로 만든 횡적문장이다.

횡적문장을 쉽게 작성하기 위해선 유사한 단어들을 많이 찾아놓는 것이 좋다. 앞서 우리는 단어 나열 과정을 통해 횡적문장에 쓸 수 있는 단어를 찾아놓은 바 있다. 위의 방법으로 지지문장 이외의 나머지 종적문장들의 횡적문장들을 만들어보자.

(지지문장) 안녕이라는 말 대신 마음을 담아 전하고 싶다.

안녕이라는 말보다 마음을 전하고 싶다.
말은 마음을 다 담을 수 없다.
언어는 좁다. 언어라는 세계는 작다.
말은 얕고 때론 가볍다. 말이라는 세계는 그렇다.

ⓐ안녕이라는 인사는 너무 일상적이니까.

만날 때도, 헤어질 때도 안녕! / 안녕? / 안녕-
안녕이라는 인사에는 고마운 마음이 다 담기진 않으니까.
안녕이라는 인사에는 감사 / 응원 / 염원이 다 담기진 않으니까.
안녕이라는 말에 그리움 / 보고픔을 전할 수 없으니까.

ⓑ마음을 담을 수 있는 무언가가 필요하다.

마음을 전할 수 있는 무언가가 필요하다.

마음을 표현할 수 있는 대체재가 필요하다.

마음을 표현할 수 있는 선물이 필요하다.

ⓒ달콤하게. 힘을 건넬 수 있는 무언가.

묵직하게 힘을 건넬 수 있는 무언가.

뭉클하게 마음을 전할 수 있는 무언가.

오래도록 마음을 남길 수 있는 무언가.

ⓓ달콤하면서도 활력을 담고 있는 몸애사과 같은 선물!

달콤하면서도 영양가가 넘치는 몸애사과 같은 선물!

달콤하게 에너지를 전하는 몸애사과 같은 선물!

달콤하게 건강까지 챙기는 몸애사과 같은 선물!

(주제문장) 달콤한 활력, 몸애사과를 선물하자.

달콤한 회복, 몸애사과를 전하세요.

달콤한 힘, 몸애사과를 선물하자.

달달달 에너지, 몸애사과를 보내자.

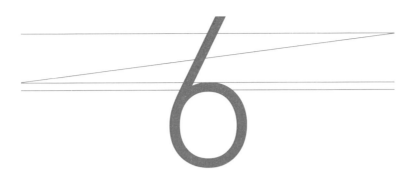

카피라이팅 6단계 :
— 횡적문장으로 분량이 맞춰 카피를 늘리자

    카피의 설계도가 되는 '지지문장+종적문장+주제문장'에 대한 횡적문장을 작성해 카피의 분량이 풍부해졌다면, 카피 설계도(카피 4단계)를 기준으로 늘어난 내용(카피 5단계)을 정리해 카피를 완성하면 된다. 기존에 잡아둔 카피 설계에서 순서를 변경해야 하는 부분이 있다면 순서를 바꿔보는 것도 좋다. 빼는 게 나은 문장은 날리고 합쳐야 하는 문장은 하나로 뭉친다. 그렇게 카피를 다듬어보자.

카피라이팅 5단계

(지지문장) 안녕이라는 말 대신
마음을 담아 전하고 싶다.

안녕이라는 말보다 마음을 전하고
싶다.
말은 마음을 다 담을 수 없다.
언어는 좁다. 언어라는 세계는
작다.
말은 얕고 때론 가볍다. 말이라는
세계는 그렇다.

ⓐ안녕이라는 인사는 너무 일상적
이니까.
만날 때도, 헤어질 때도 안녕! / 안
녕? / 안녕-
안녕이라는 인사에는 고마운 마음
이 다 담기진 않으니까.
안녕이라는 인사에는 감사 / 응원 /
염원이 다 담기진 않으니까.
안녕이라는 말에 그리움/보고픔을
전할 수 없으니까.

ⓑ마음을 담을 수 있는 무언가가
필요하다.
마음을 전할 수 있는 무언가가 필
요하다.

카피라이팅 4단계

안녕이라는 말 대신 마음을 담아 전
하고 싶다.

ⓐ안녕이라는 인사는 너무 일상적
이니까.

ⓑ마음을 담을 수 있는 무언가가 필
요하다.

ⓒ달콤하게. 힘을 건넬 수 있는 무
언가.

ⓓ달콤하면서도 활력을 담고 있는
몸애사과같은 선물!

달콤한 활력, 몸애사과를 선물하자.

마음을 표현할 수 있는 대체제가
필요하다.
마음을 표현할 수 있는 선물이 필
요하다.

ⓒ달콤하게. 힘을 건넬 수 있는 무
언가
묵직하게. 힘을 건넬 수 있는 무언
가
뭉클하게. 마음을 전할 수 있는 무
언가
오래도록. 마음을 남길 수 있는 무
언가

ⓓ달콤하면서도 활력을 담고 있는
몸애사과같은 선물!
달콤하면서도 영양가가 넘치는 몸
애사과 같은 선물!
달콤하게 에너지를 전하는 몸애사
과 같은 선물!
달콤하게 건강까지 챙기는 몸애사
과 같은 선물!

(주제문장) 달콤한 활력, 몸애사과를
선물하자.
달콤한 회복, 몸애사과를 전하세요
달콤한 힘, 몸애사과를 선물하자
달달달 에너지, 몸애사과를 보내자

4단계를 기준으로 5단계에서 문장을 고르고 전체적인 흐름을 고려해 카피를 완성한다. 카피를 완성하는 과정에서 종적문장의 순서가 바뀌거나 합쳐질 수 있다.

※수정 포인트
- (지지문장)과 ⓐ의 순서 바꿈.
　- ⓒ와 ⓓ를 합침.

안녕!
안녕-

아무 탈 없이 편안하라고
만날 때도 헤어질 때도
건네는 말

매일매일 건네면서도
그 말 안에
다 담지 못했던 마음

걱정합니다
감사합니다
건강하세요
사랑합니다

응원합니다
복받으세요

안녕이란 말 대신,
그 모든 마음을 담아 전하세요

달콤한 활력을 선물하세요
몸애사과

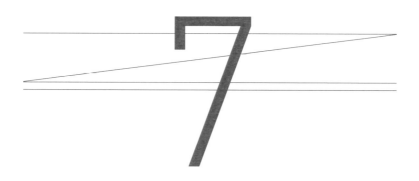

카피라이팅 7단계 :
— 카피를 워싱하자

내가 카피를 쓸 때 가장 공을 들이는 순서는 바로 카피를 다듬는 과정인 '워싱'이다. 나는 카피는 쉽고 빠르게 쓴 후 여러 번 읽어본다. 오랫동안 수정하고 다듬을수록 완성도가 높아진다고 믿는다.

카피를 완성했다고 생각한 순간에 3번 이상, 프로젝트 마감 기한 전까지 하루에 한 번씩 꺼내서 읽어보는 것이다. 카피를 쓴 나와 거리를 둔 채 새로운 시선으로 소비자의 눈높이에 맞춰질 때까지 진행한다. 이때 수정하고 싶은 부분이 꼭 생긴다. 오탈자 수정이나 다른 단어로 변경이 필요한 지점이 보인다. 때론 불필요한 단어나 문장이 보이면 시원하게 지워버리거나 좀 더 설명이 필요하다고 생각한 부분을 친절하게 풀어쓰기도 한다. 이렇게 다듬어서 클라이언트와 소비자에게 자신 있게 선보일 수 있는 최선의 카피를 완성하려고 노력한다.

무엇보다도 중요하다고 생각이 드는 일은 맞춤법을 교정하는 것이다. 이것은 누군가가 읽는 글을 쓰는 사람이 해야 하는 최소한의 노력이다. 나는 카피를 쓰는 메모장 옆에 언제나 네이버 맞춤법 검사기와 사전을 띄워 놓는다. 이렇게 하면 복사 및 붙여넣기만으로도 쉽게 올바른 맞춤법을 챙길 수 있다.

문법적 오류를 '시적 허용'처럼 생각해 카피에 남발하는 사람들도 종종 있다는 것은 문제다. 허나 막 생겨난 유행어나 신조어, 문법적 오류가 있지만 대중들 사이에서 통용되고 있는 밈을 일컫는 '카피적 허용'은 존재한다. 예외로 고급진 이미지를 강조하는 정통 브랜드라면 콘셉트를 위해서라도 맞춤법에 맞춰 카피를 완성하는 것이 좋겠다.

안녕!
안녕-

아무 탈 없이 편안했냐고
아무 탈 없이 편안하라고
만날 때도 헤어질 때도
건네는 말

매일 말하고, 남기고, 전해도
안녕!
안녕-

아무 탈 없이 편안했냐고
아무 탈 없이 편안하라고
만날 때도 헤어질 때도
건네는 말

매일 말하고, 남기고, 전해도
그 말 안에
다 담지 못한 마음들이
언제나 남아있습니다

감사합니다
건강하세요
사랑합니다
응원합니다
복받으세요

안녕이란 말 대신,
그 모든 마음을 담아 전하세요

달콤한 활력을 선물하세요
몸애사과

**The Power of
Copywrite**

우리 카피는
장소가림이 심해요
– 카피 효과를 높이는 자리

좋은 카피를 쓰는 일은 카피를 쓰기 위해 얼마나 집중하고 시간을 투자했느냐에 달려있다. 다시 말해 카피라이팅이란 노동의 과정이며 좋은 카피란 노동의 결과물이다. 카피라이터라고 자신을 소개하는 사람이라면 각자가 할 수 있는 한 최선을 다해 카피를 쓸 것이다. 이렇게 열심히 적힌 카피가 인정받고 보다 나은 결과를 내는 카피가 되기 위해 카피라이터들이 간과해선 안 되는 부분이 있다. 그것은 바로 카피가 걸리는 자리인 '미디어'다.

2021 신세계백화점 캐릭터 스토리텔링 및 콘텐츠 카피라이팅 작업

앱 내 콘텐츠에 들어가는 캐릭터 설명 카피.
캐릭터들이 만들어내는 다양한 스토리
및 에피소드를 통해 캠페인 영상, 포스터
이미지, 세일/이벤트 행사의 관심도와
이해도를 높인다.

선물처럼 찾아온 핑크빛 고양이, 로저

머리부터 발끝까지 동화 속 공주 재질이지만
특히 러블리한 성격이 매력인 사랑스러움의 결정체.
반짝반짝 화려한 것이라면 쉽게 마음을 빼앗기면서
자신이 얼마나 반짝이고 끌리는 존재인지는

말은 툭툭, 은근히 넘치는 배려심을 가진
찐 친구 너구리, 후트

홀리데이에 쓰고 간 자신의 최애 모자를
푸빌라에게 빌려주기는 했지만…과연…
후트의 모자에 힘입어 푸빌라의 로맨스는

카피력

몸애사과 카피를 카카오톡 배너로 제작했을 때의 카피 예시

채팅 오픈채팅   Q   💬   🎵   ⚙

다가오는 설, 안녕이란 말 대신
마음을 담아 전하세요.

채팅 오픈채팅   Q   💬   🎵   ⚙

챙겨야 할 곳 많은 설날
선물하기 특별 프로모션 51%할인

카카오톡의 배너는 브랜딩 및 제품에 대한 설명
보단 브랜드 혜택 및 제품 세일 등 소비자가
직접적으로 경험할 수 있는 이득을 카피화 하는
것이 좋다.
메시지를 보내고 확인하는 것이 목적인
카카오톡에서 다른 브랜드/제품에 대해
알아보고 싶은 소비자는 없을 것이기 때문이다.

몸애사과 카피를 소셜미디어 카드뉴스로 제작했을 때의 카피 예시

카드뉴스 첫 장은 소비자로 하여금
유익한 정보를 얻을 수 있다고 느끼게 해야,
끝까지 읽어보게 할 수 있다.
첫 장으로 소비자를 설득한 후, 유익한
정보에 제품 정보가
부드럽게 녹아들 수 있도록 뒷장 카피들을
구성한다.

몸애사과 카피를 지하철 스크린도어 옥외광고물로 제작했을 때의 카피 예시

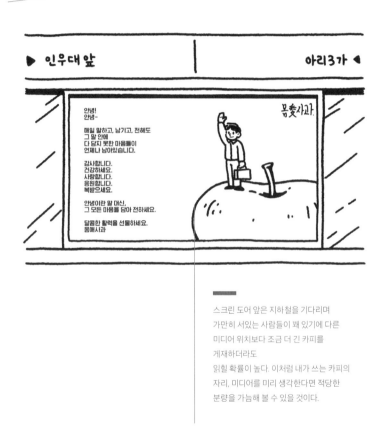

스크린 도어 앞은 지하철을 기다리며
가만히 서있는 사람들이 꽤 있기에 다른
미디어 위치보다 조금 더 긴 카피를
게재하더라도
읽힐 확률이 높다. 이처럼 내가 쓰는 카피의
자리, 미디어를 미리 생각한다면 적당한
분량을 가늠해 볼 수 있을 것이다.

2020 맘스터치 캠페인 작업

지하철 역 근처에 매장이 많은
브랜드이기에
지하철 내/외부에 치킨과 버거,
모두를 먹고 싶게 만드는
이미지와 카피로 소비자를 설득한다.

2022 가연 캠페인 작업

결혼정보업체 가연의 NEW 캠페인 런칭.
결혼의 가치관이 변화된 세상에서 타깃의 결혼가치관을 물어,
결혼에 대해 생각해보게 만들고 '결혼=가연'이라는 이미지를 만드는 캠페인을
다양한 옥외광고물을 통해 시작했다.

2018 현대백화점 크리스마스 테마 스토리 작업

우는 사람에겐 선물을 주지 않는 산타,
스마일리들은 산타의 창고를 열어
세상 사람들에게 선물을 전하고 사람들을
웃게 만든다.
행복한 크리스마스를 완성한 스마일리,
이러한 컨셉 스토리는 캠페인 영상, 백화점
내 포스터, 소셜미디어 이미지, 백화점 내
조형물 등의 토대가 되었다.

2016 총선 선거관리위원회 캠페인

언쟁
충돌
격한 싸움

이것은 민주주의의 아름다움

다른 생각을 갖고 있기에
우리는 부딪칠 수 있습니다

부딪쳐야 무언가 시작됩니다
모두의 생각, 의견
부딪칩시다

부딪쳐 만든 아름다운 불꽃은
새로운 희망의 시작이 됩니다

아름다운 선거 4월 13일

2016 국민의 선택
중앙선거관리위원회 SBS

2017 웅진북클럽 슬로건 작업

로봇처럼 정답만 맞추는 아이보다
자신의 오답에 대해
논리적으로 해명할 줄 아는 아이

시켜 놓은 숙제만
척, 척, 해놓는 아이보다
문제에서 발견한 궁금증을
독서를 통해 풀어내고
책에서 발견한 호기심은
배움으로 채우는 아이

생각의 힘을 가진 아이
웅진북클럽

2017 서울시 커뮤니케이션 작업. 내일연구소 서울

벌써 25살이 되었습니다

쉬지 않고 달려왔습니다

아직 꿈이 있는 나이 25살!

이제 꿈을 실현시킬 수 있는 나이이자

25 | 벌써 25
이제 25

벌써
25살이 되었습니다

한 해
한 해

때론 실패하기도
때론 주목받기도 하며
단 하루도 쉬지 않고
달려왔습니다

이제
꿈을 실현시킬 수 있는 나이이자
아직 꿈이 있는 나이 25살!

25살답게
더 열심히 하겠습니다

벌써 25
이제 25

2019 다이슨 크립토믹 공기청정기 TV CF 작업

카피를 쓰기 전 OT 단계에서 미디어를 확실히 확인해야 하는 이유는 미디어마다 카피의 분량이 다르기도 하지만, 미디어별로 타깃의 속성이 달라지기 때문이다. 이 말은 타깃의 상황·욕구·관심사가 달라진다는 걸 의미한다. 같은 카피라도 어디에 걸렸는지에 따라 다른 효과를 내기도 한다. 예를 들어 오픈 기념으로 반값 할인 행사를 진행하는 결혼식장의 카피가 있다고 해보자.

"모두에게 축복받아야 하는 결혼, 부담 없이 오직 행복만 가득하도록"

배포장소① 결혼박람회가 열리는 코엑스 근처 지하철역 내부
배포장소② 주말 나들이객이 몰리는 서울숲 근처 지하철역 내부

해당 카피가 적힌 전단지를 각각의 장소에 배포한다고 했을 때 어느 전단지가 바닥에 뒹굴게 될까. 아마 배포장소(2)에서 더 많은 전단지가 쓰레기로 회수될 것이다. 전단지에 노출된 사람은 배포장소(2)가 많겠지만 결혼식에 대한 관심은 배포장소(1)에 비해 떨어진다.

막연하게 보다 많은 사람이 모이는 곳에 카피를 게재하면 높은

효과를 내리라 생각하는 경우가 허다하다. 이런 장소라면 다수의 사람들이 보고 지나가겠지만 괄목할 만한 효과를 내긴 어렵다. 하지만 같은 카피라도 해당 내용에 관심을 가질 만한 타깃이 모이는 곳에 카피가 걸린다면 효과는 배가 된다. 때문에 카피가 걸릴 자리를 잘 찾거나 애초에 선보일 자리를 고려해서 카피를 적는다면 좋은 카피를 쓸 확률이 높아진다.

물론 어떤 소비자가 보더라도 눈길이 가고 마음이 움직이는 카피를 쓸 능력이 있다면 더할 나위 없겠지만, 지금 이 순간에도 타깃층은 점차 세분화되어간다. 또한 다양한 환경과 각자의 취향을 가진 소비자들이 늘었다. 그래서 모두를 만족시키는 카피를 쓴다는 건 하늘의 별 따기와 같이 어려운 일이 되고 말았다. 따라서 우리는 카피가 걸릴 자리를 보고 쓰는 카피라이터가 되어야 한다.

누구나 쉽게 좋은 카피를 쓸 수 있다. 최선을 다해 고민하고, 열정을 다해 써나가는 모든 카피가 효과 좋은 카피, 힘 있는 카피로 인정받길 바란다.

여전히 계속 카피중
— 카피를 카피하라!

이 책이 모든 카피의 고민을 해결할 수 있다면 나의 오늘이 이렇게 길진 않을 것이다. 카피라이터의 일은 도통 익숙해지지 않는다. 새로운 제품과 서비스는 새로워서 어렵고, 기존 것들은 이미 잘 쓴 카피가 많아 어렵다. 그럼에도 계속 쓰는 건 지난 프로젝트에 대한 후회와 앞으로의 다짐 때문이다. 그렇게 하지 말았어야 했다. 다음엔 잘 쓸 수 있을 것 같다. 더 잘 쓰고 싶다.

지금도 어떤 카피라이터는 나 자신을 열등하다 느끼게 만들 좋은 카피를 쓰고 있을지도 모른다. 잘 쓴 카피를 보면 나도 저런 카피를 쓰고 싶다고 생각하며 다시 써보고, 여러 매체의 작품에서 감명을 받았다면 '저걸 어떻게 카피해서 내 카피에 반영하지?'라고 생각하며 이리저리 써본다. '들어가며'에서 고백했듯이 이 책에서 소개한 내용인 카피를 쓰는 일종의 방법과 순서들은 ('노하우'라는 그럴싸한 말로 포장했지만) 실은 후회의 정리다.

내가 쓰는 '카피'와 복사를 의미하는 '카피'가 똑같이 '카피'라는 말이 붙은 건 우연이 아니라고 생각한다. 나도 누군가의 카피와 문장을 카피하며 여기까지 왔다. 카피를 따라 쓰다 보면 자기만의 카피 작성법을 찾게 되고 그만큼 수월해진다. 쓰는 속도도 빨라지며 어느 순간 많은 프로젝트가 포트폴리오에 쌓일 것이다.

그러니 진심으로 바란다. 이 책 안에 따라 할 만한 내용과 방법들이 가득했기를. 누군가가 카피할 거리가 되었기를. 내가 쌓아온 어떤 내공이 누군가의 카피에 도움이 되어 좋은 카피를 만들어낸다면, 그 좋은 카피는 내 카피에 또 카피될 테니까!

카피력

초판 1쇄 인쇄 2022년 10월 28일
초판 1쇄 발행 2022년 11월 7일

지은이 | 임윤정
펴낸이 | 권기대
펴낸곳 | ㈜베가북스

총괄 | 배혜진
편집장 | 정명효
편집 | 허양기, 임윤영, 김재휘
디자인 | 이재호
마케팅 | 김찬유, 조민재
경영지원 | 박은진

주소 | (07261) 서울특별시 영등포구 양산로17길 12, 후민타워 6~7층
대표전화 | 02)322-7241 팩스 | 02)322-7242
출판등록 | 2021년 6월 18일 제2021-000108호
홈페이지 | www.vegabooks.co.kr **이메일** | info@vegabooks.co.kr
ISBN 979-11-92488-13-4 (13320)